365 Jeux de printemps pour les enfants

3 à 5 ans

Les Éditions Goélette

Graphisme de la couverture:
Marjolaine Pageau

Graphisme et mise en pages:
Chantal Morisset
Marjolaine Pageau
Katia Senay
Sophie Binette
Jessica Papineau-Lapierre
Marie-Pier S.Viger

1350, Marie-Victorin
St-Bruno-de-Montarville (Québec) CANADA J3V 6B9
Téléphone: 450 653-1337
Télécopieur: 450 653-9924
www.editionsgoelette.com
www.facebook.com/EditionsGoelette

Dépôts légaux:
Bibliothèque et Archives nationales du Québec
Bibliothèque nationale du Canada
Premier trimestre 2013

Les Éditions Goélette bénéficient du soutien financier de la SODEC pour son programme d'aide à l'édition et à la promotion.

Nous remercions le gouvernement du Québec de l'aide financière accordée par l'entremise du Programme de crédit d'impôt pour l'édition de livres, administré par la SODEC.

ASSOCIATION NATIONALE DES ÉDITEURS DE LIVRES Membre de l'Association nationale des éditeurs de livres

Imprimé au Canada

ISBN: 978-2-89690-001-5

De point en point

Relie chaque point dans l'ordre pour terminer le dessin. Quand tu as terminé, mets de la couleur.

Les jumeaux

Encercle les deux images qui sont identiques.

A

B

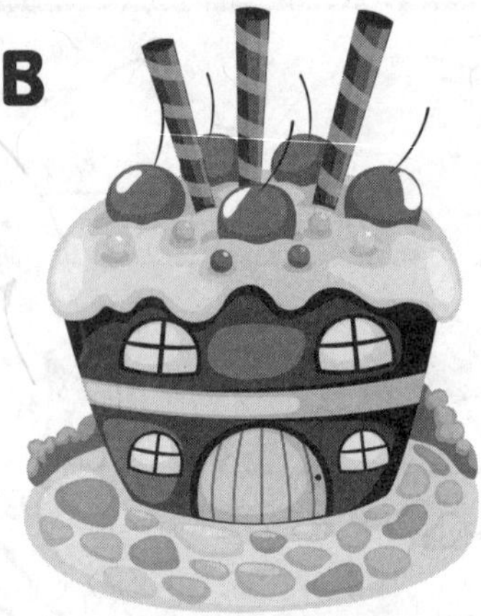

C

D

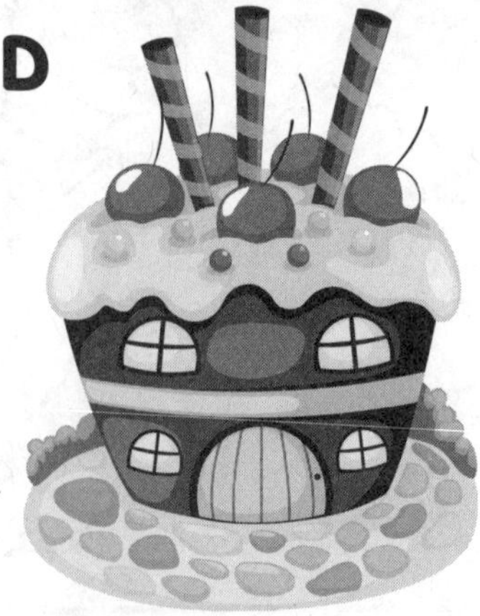

SYMÉTRIE

Complète l'image.

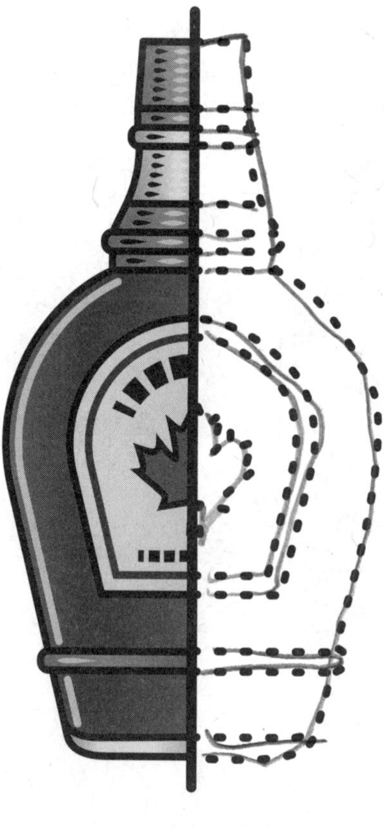

Jeu 3

Le casse-tête

Trouve la partie manquante de l'image.

A 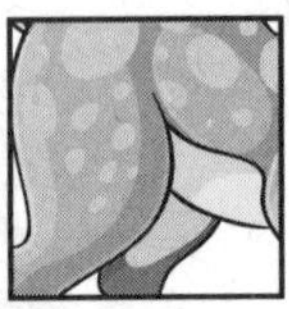

B 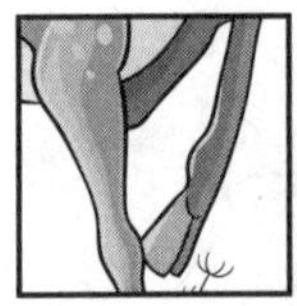

C 

D 

Dessin à colorier

Amuse-toi et mets de la couleur.

Les associations

Trouve et relie les animaux qui vivent à la ferme.

Les Silhouettes

Relie chaque image
à sa silhouette.

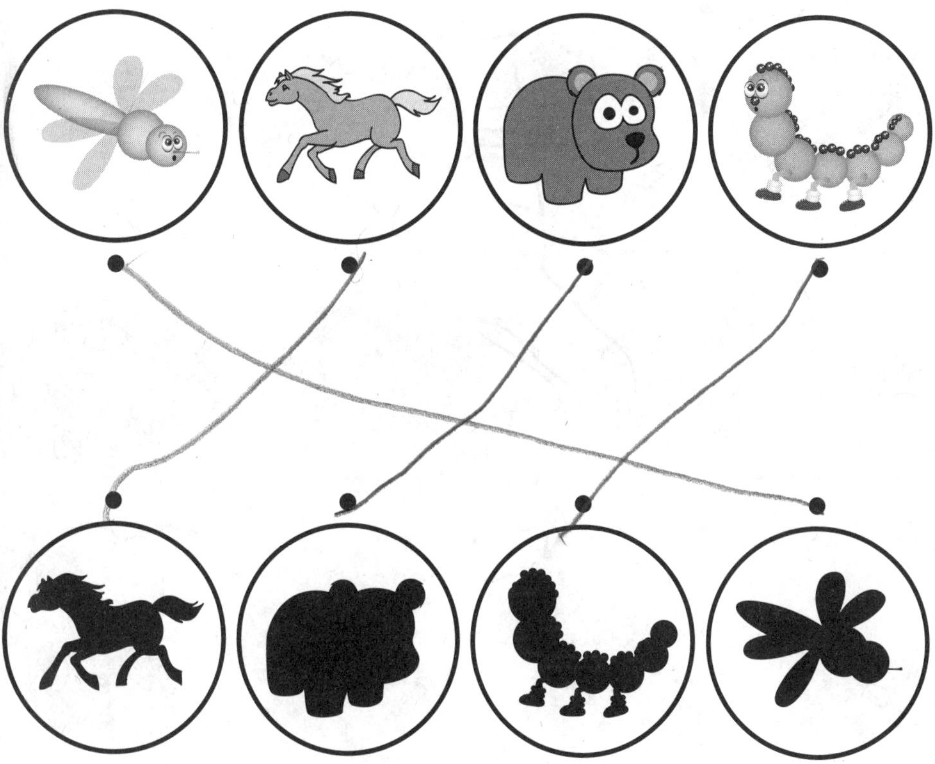

Le mouton noir

Entoure dans chaque rangée le plus grand dessin.

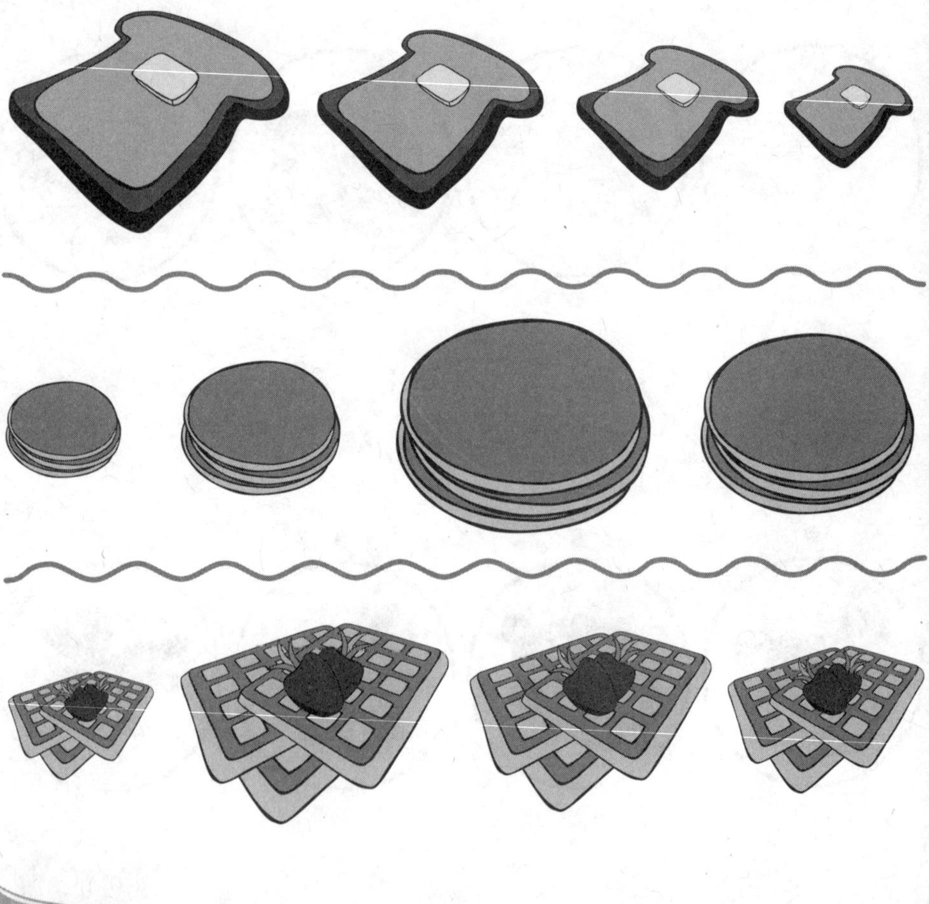

L'aventurier

Aide la grenouille et trace le chemin
qui mène jusqu'aux feuilles.

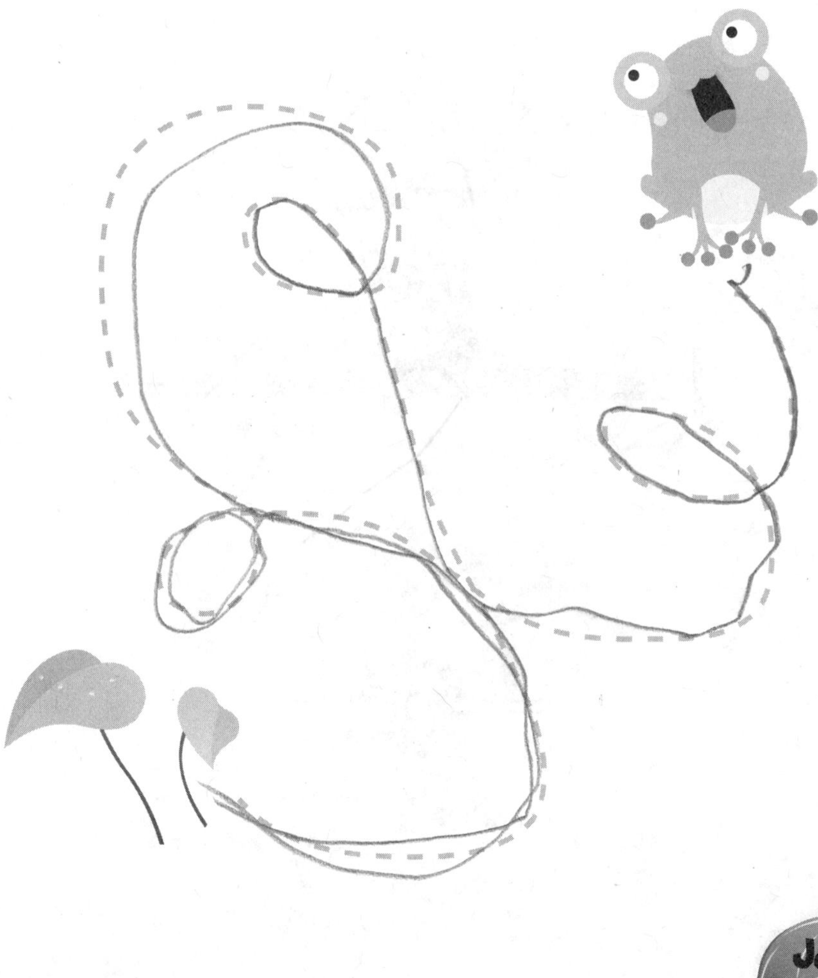

Les 4 eRReURS

Regarde bien ces deux images.
Trouve les quatre différences
et entoure-les.

Jeu 10

Le labyrinthe

Aide l'abeille à se rendre jusqu'à la fleur.

Qui suis-je ?

Devine à quel mollusque appartient l'ombre.

Le mathématicien

Dans chaque rangée,
entoure le nombre d'éléments qui
correspond au chiffre de gauche.

3

2

1

La suite

Observe bien la suite ci-dessous. Complète la rangée en encerclant le dessin manquant.

Jeu 11

L'identique

Associe les dessins
qui sont identiques.

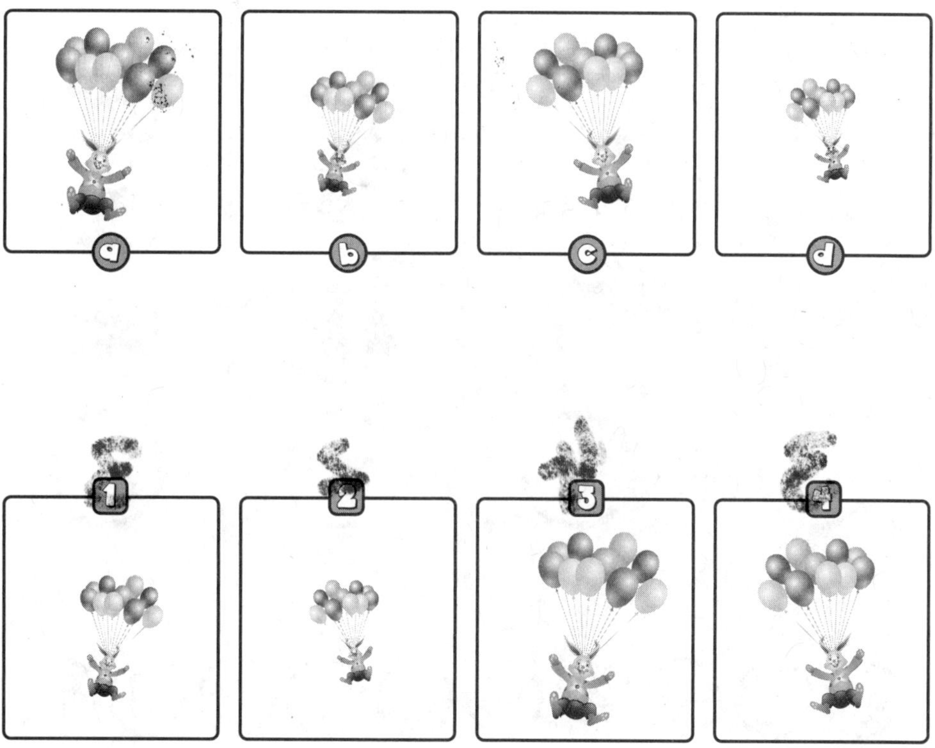

La calculatrice

Écris le nombre d'éléments dans chaque case.

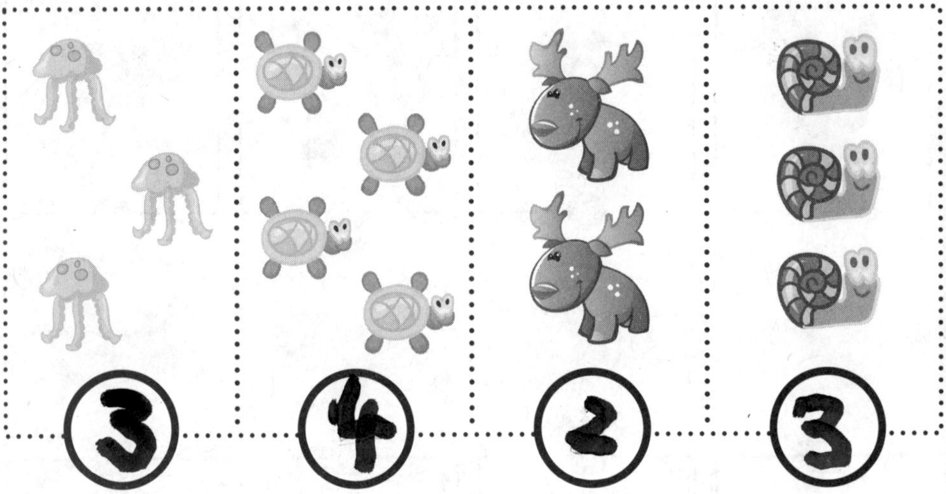

1 2 3 4 5 6 7 8 9 10

Le voyageur

Aide l'oiseau à retrouver ses œufs.
Suis les feuilles et trace le chemin.
Tu peux te déplacer de façon
horizontale, verticale ou en diagonale.

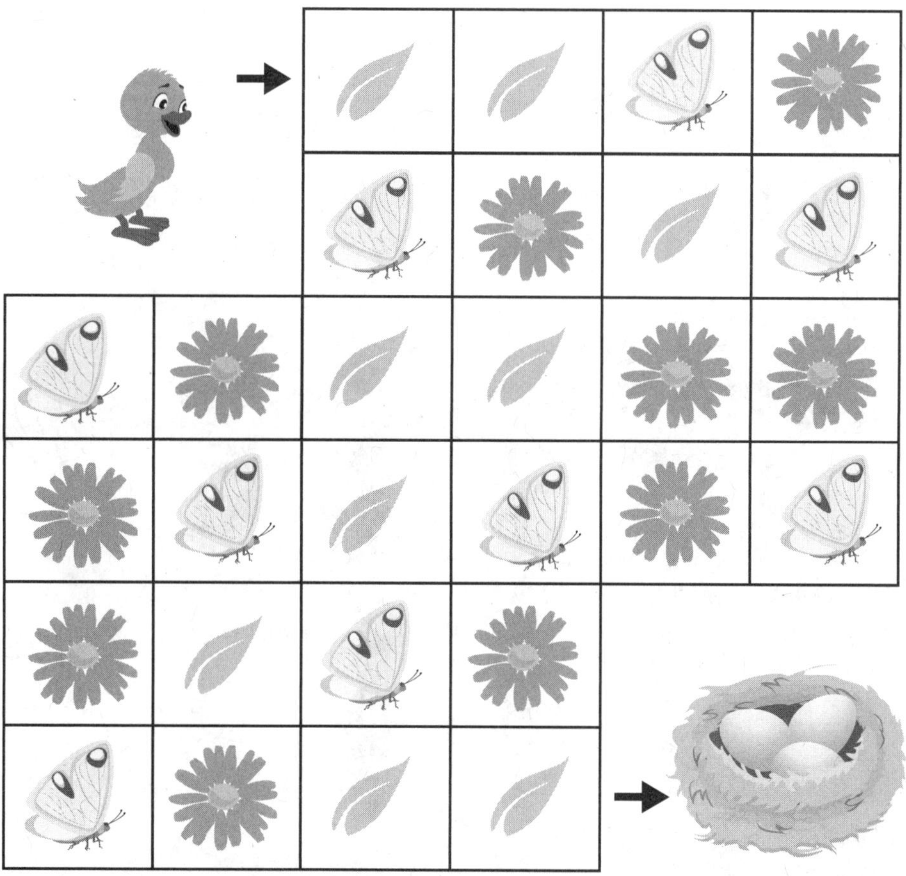

Les doigts de la main

Entoure la main quand il y a
5 éléments dans la même rangée.

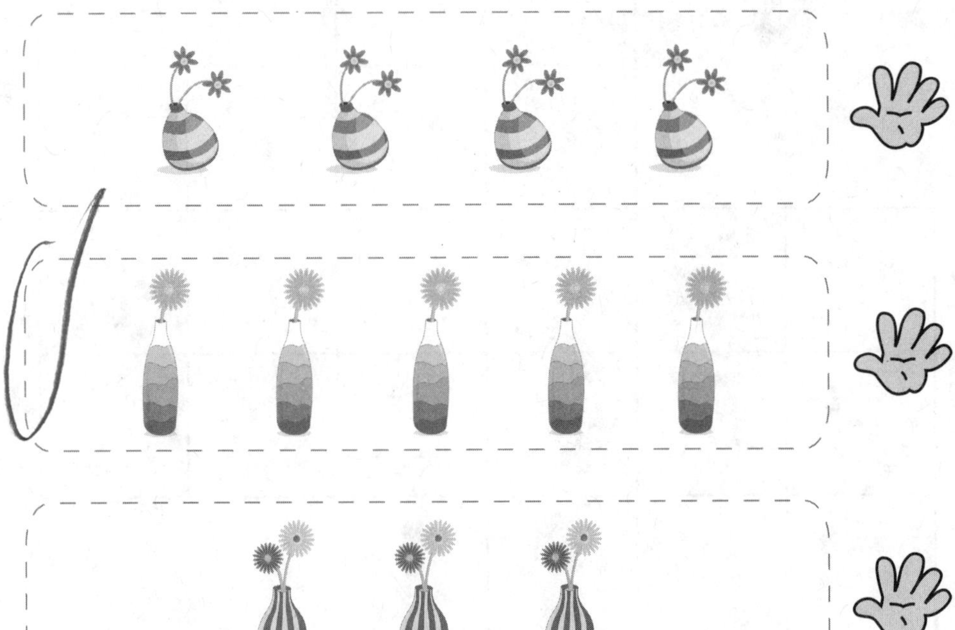

L'écrivain

Passe avec ton crayon sur les pointillés. Exerce-toi ensuite sans pointillés.

A

a a a

A A

B

b b b

B B

Le petit train

Entoure la lettre qui est écrite sur la locomotive dans chacun des mots du train.

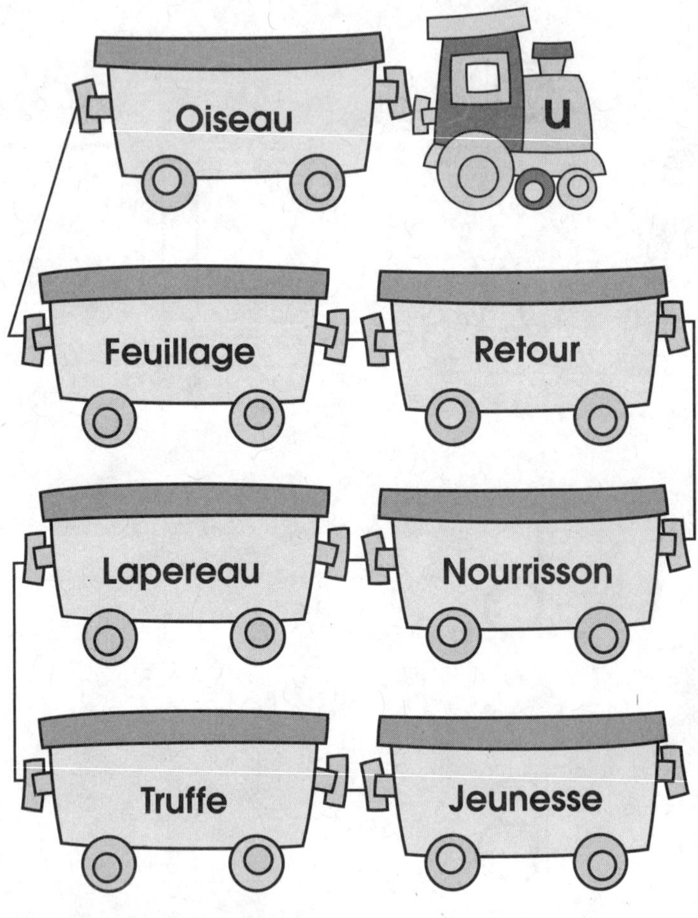

émoticônes

Entoure ☹ quand le personnage est triste. Entoure ☺ quand le personnage est joyeux.

Le chercheur

Trouve les éléments de gauche dans le décor.

L'artiste

Retrace le dessin de gauche
à droite de la fleur.

Dans tous les sens

Entoure un des deux objets identiques.
Si tu regardes la flèche qui se trouve
en dessous, tu trouveras quel objet tu dois entourer.

HAUT

De point en point

Relie chaque point dans l'ordre pour terminer le dessin. Quand tu as terminé, mets de la couleur.

Les jumeaux

Encercle les deux images
qui sont identiques.

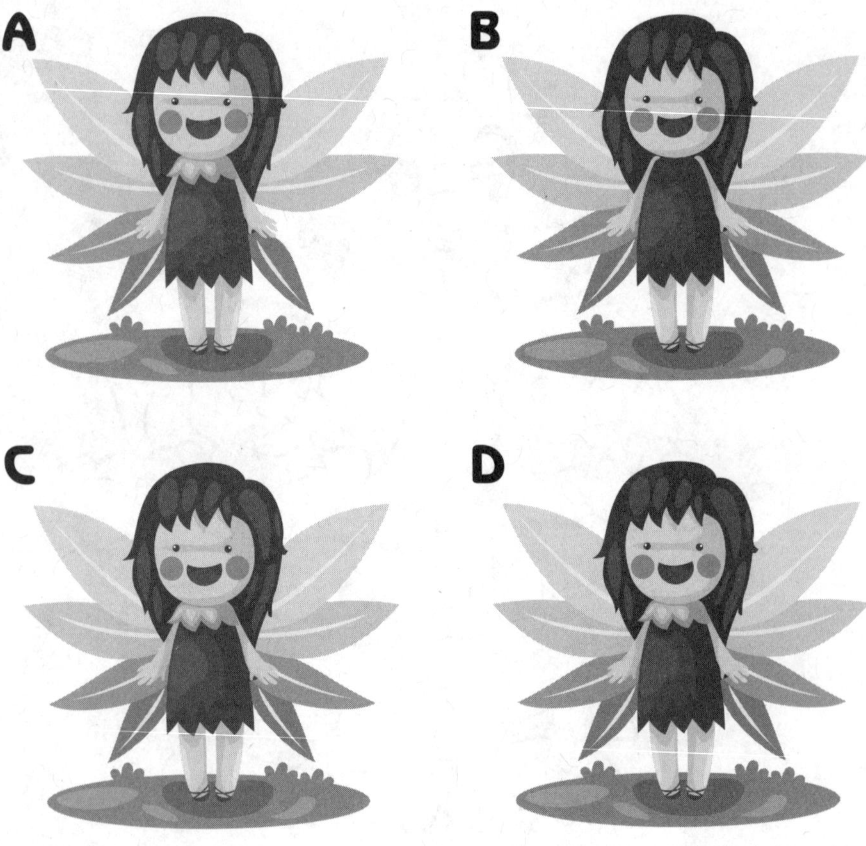

SYMÉTRIE

Complète l'image.

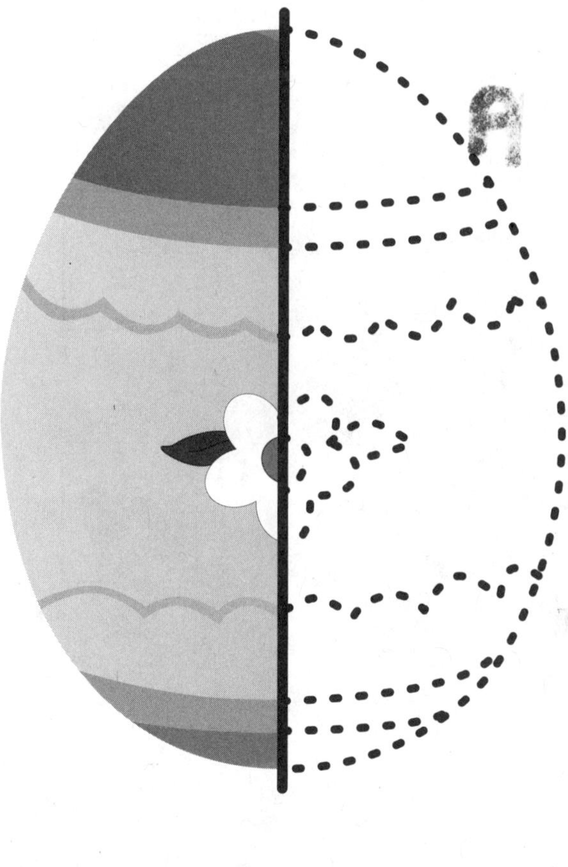

Le casse-tête

Trouve la partie manquante de l'image.

Dessin à colorier

Amuse-toi et mets de la couleur.

Les associations

Trouve et relie les animaux qui hibernent.

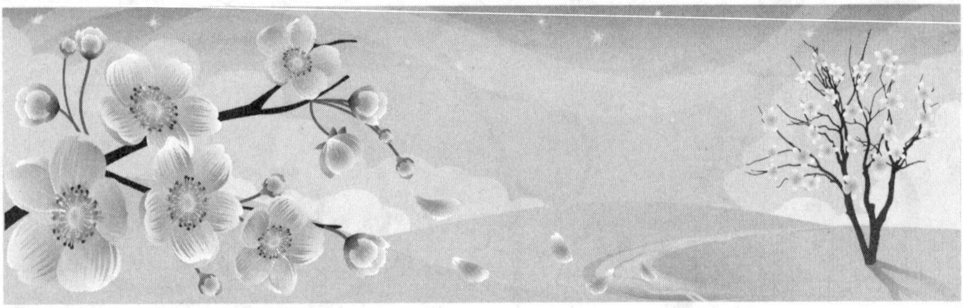

Mouffette

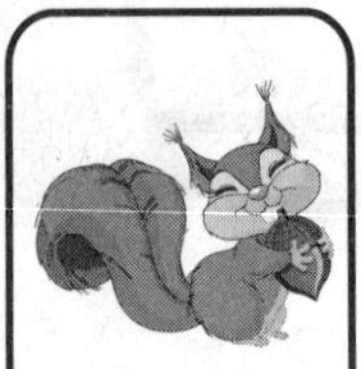

Écureuil

Marmotte

Faon

Ours

Les silhouettes

Relie chaque image à sa silhouette.

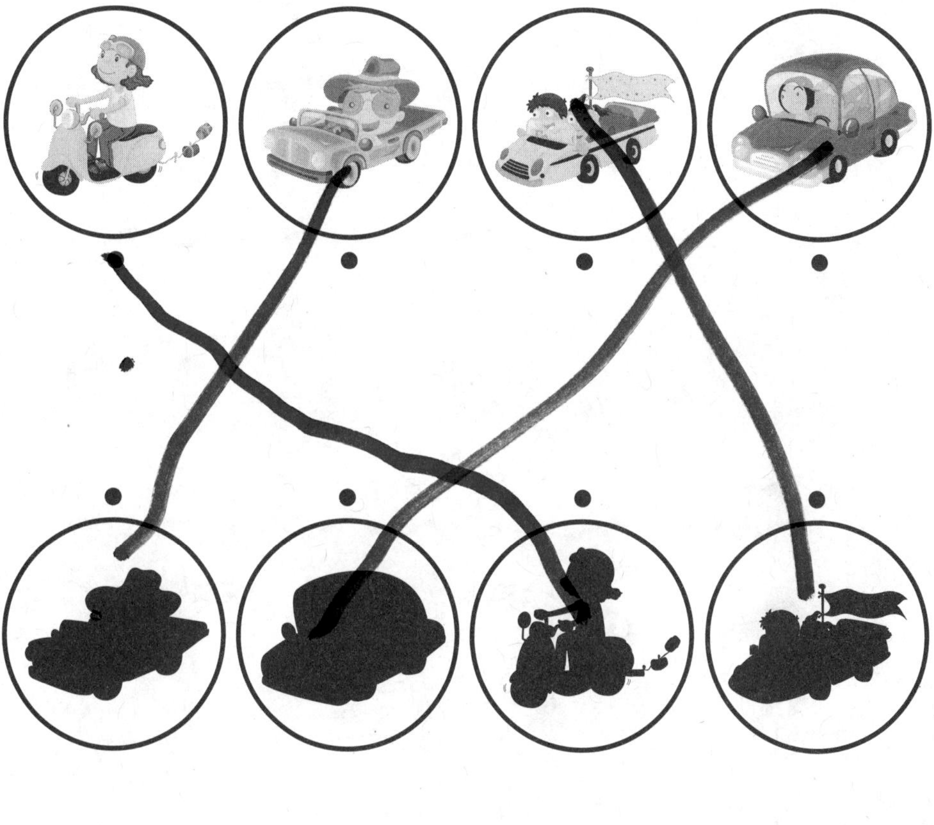

Le mouton noir

Entoure dans chaque rangée le plus grand dessin.

L'aventurier

Aide l'ourson et trace le chemin
qui mène jusqu'à son amie.

Les 4 erreurs

Regarde bien ces deux images.
Trouve les quatre différences
et entoure-les.

Le labyrinthe

Aide maman poule à se rendre jusqu'à ses futurs bébés.

Qui suis-je ?

Devine à quel animal appartient l'ombre.

Le mathématicien

Dans chaque rangée,
entoure le nombre d'éléments qui
correspond au chiffre de gauche.

1 

5 

4 

La suite

Observe bien la suite ci-dessous. Complète la rangée en encerclant le dessin manquant.

L'identique

Associe les dessins
qui sont identiques.

La calculatrice

Écris le nombre d'éléments dans chaque case.

1 2 3 4 5 6 7 8 9 10

Le voyageur

Aide le poisson à retrouver son bocal.
Suis les homards et trace le chemin.
Tu peux te déplacer de façon
horizontale, verticale ou en diagonale.

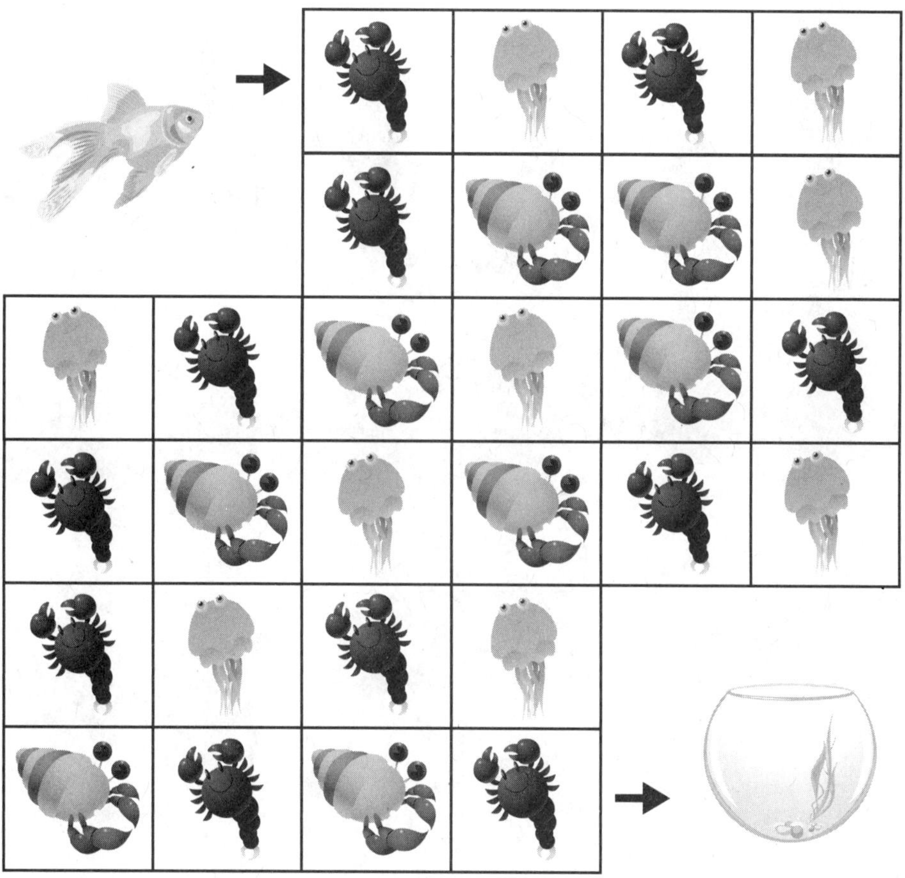

Les doigts de la main

Entoure la main quand il y a
5 éléments dans la même rangée.

L'écrivain

Passe avec ton crayon sur les pointillés. Exerce-toi ensuite sans pointillés.

C

c c c

C C

D

d d d

D D

Le petit train

Entoure la lettre qui est écrite sur la locomotive dans chacun des mots du train.

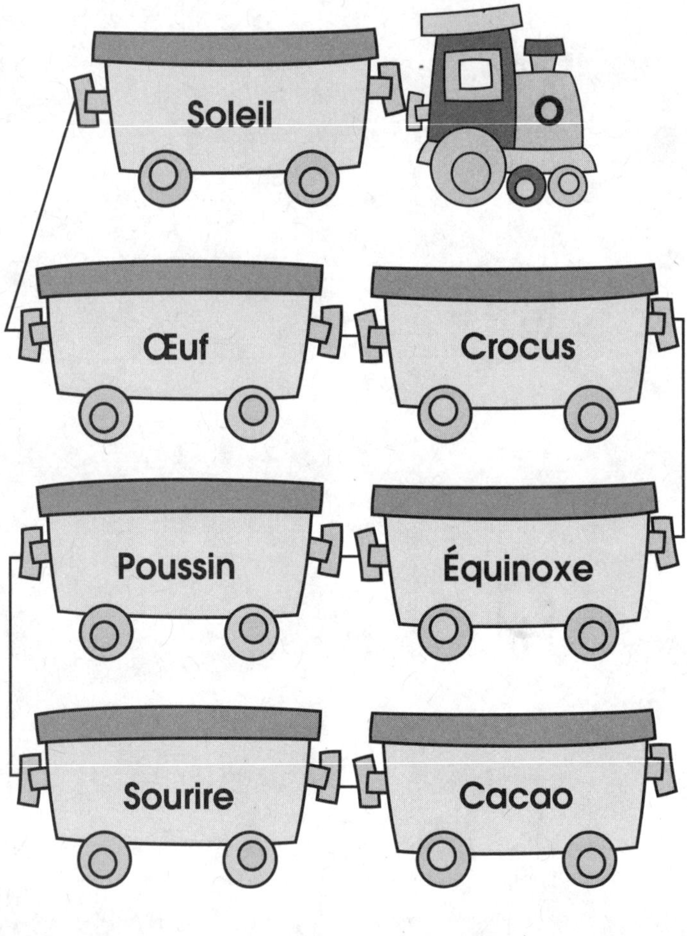

Émoticônes

Entoure 😮 quand le personnage est triste. Entoure 😃 quand le personnage est joyeux.

Jeu 45

Le chercheur

Trouve les éléments de gauche dans le décor.

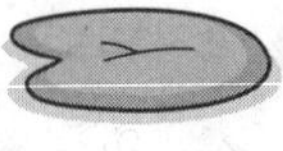

Jeu 46

L'artiste

Retrace le dessin de gauche à droite de la fleur.

Dans tous les sens

Entoure un des deux objets identiques. Si tu regardes la flèche qui se trouve en dessous, tu trouveras quel objet tu dois entourer.

DROITE

De point en point

Relie chaque point dans l'ordre pour terminer le dessin. Quand tu as terminé, mets de la couleur.

Les jumeaux

Encercle les deux images qui sont identiques.

A

B

C

D

SYMÉTRIE

Complète l'image.

Le casse-tête

Trouve la partie manquante de l'image.

A 

B 

C 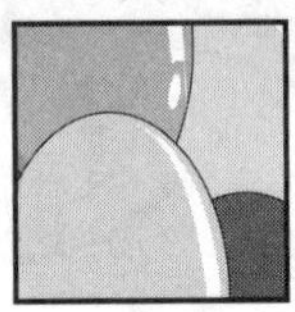

D 

Dessin à colorier

Amuse-toi et mets de la couleur.

Les associations

Trouve et relie les enfants qui font des activités au parc.

Se balancer

Poussin

Courir

Jouer au soccer

Bouc

Les Silhouettes

Relie chaque image à sa silhouette.

Le MOUTON NOIR

Entoure dans chaque
rangée le plus grand dessin.

L'aventurier

Aide le lapin et trace le chemin qui mène jusqu'à son panier.

Les 4 erreurs

Regarde bien ces deux images.
Trouve les quatre différences
et entoure-les.

Le labyrinthe

Aide maman hibou à se rendre jusqu'à papa hibou.

Qui suis-je ?

Devine à quelle partie de l'arbre appartient l'ombre.

Le mathématicien

Dans chaque rangée,
entoure le nombre d'éléments qui
correspond au chiffre de gauche.

1 

4 

2 

La suite

Observe bien la suite ci-dessous. Complète la rangée en encerclant le dessin manquant.

L'identique

Associe les dessins
qui sont identiques.

La calculatrice

Écris le nombre d'éléments dans chaque case.

Le voyageur

Aide la grenouille à retrouver son ami.
Suis les moutons et trace le chemin.
Tu peux te déplacer de façon
horizontale, verticale ou en diagonale.

Les doigts de la main

Entoure la main quand il y a
5 éléments dans la même rangée.

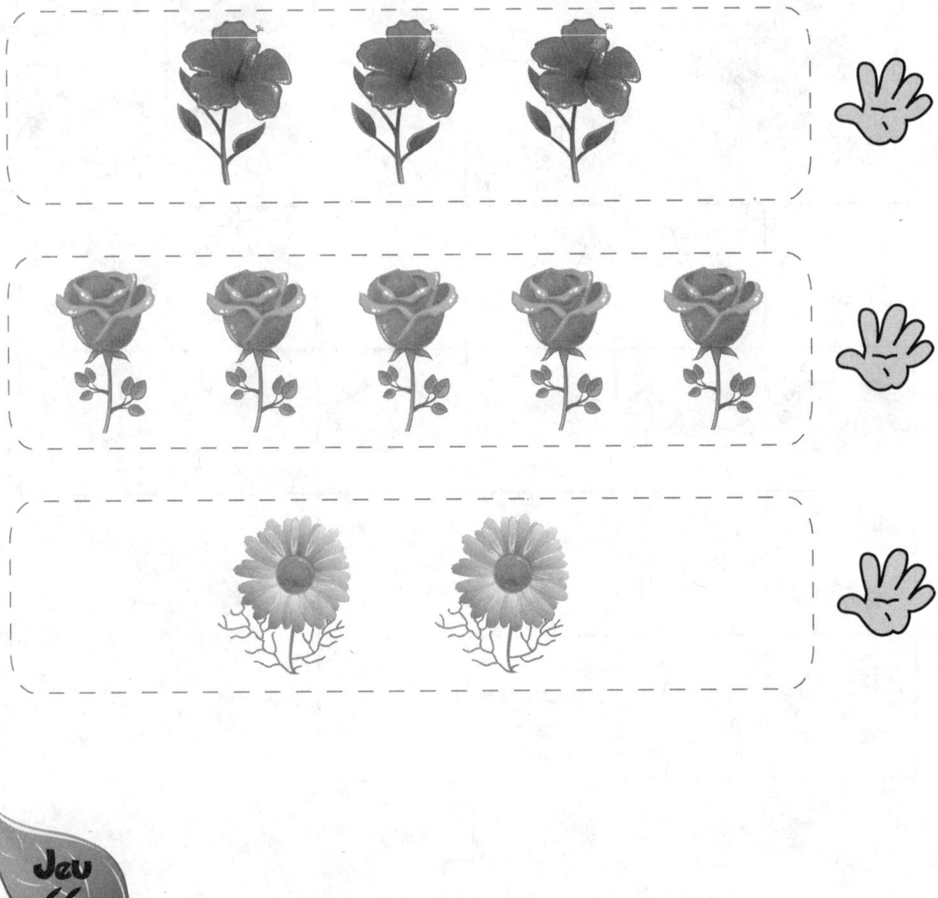

L'écrivain

Passe avec ton crayon sur les pointillés. Exerce-toi ensuite sans pointillés.

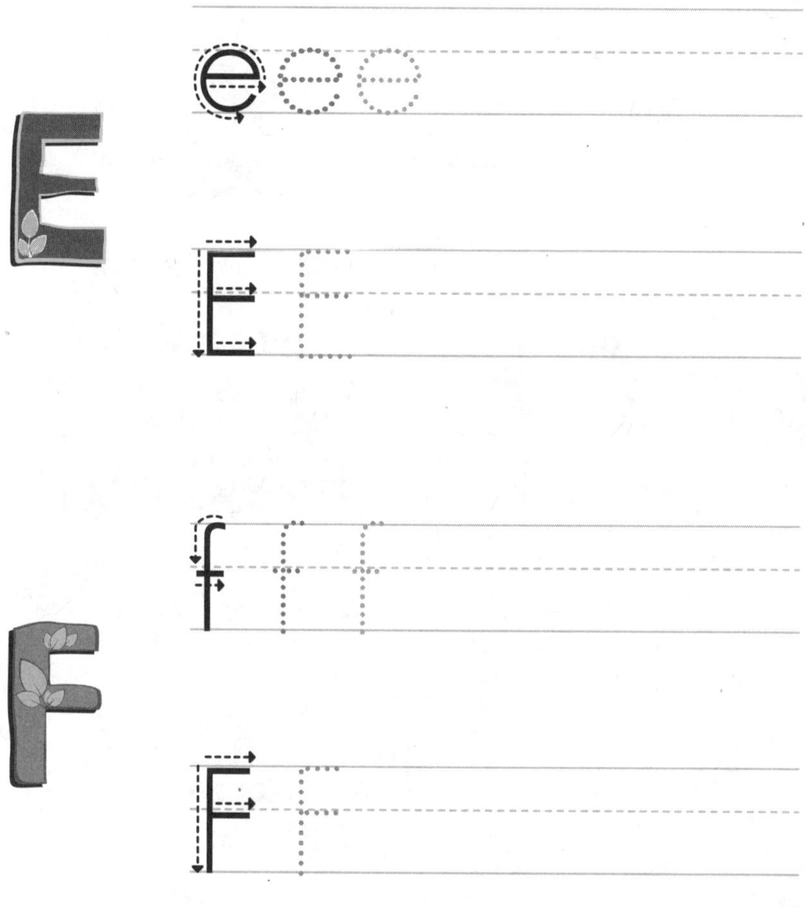

Le petit train

Entoure la lettre qui est écrite sur la locomotive dans chacun des mots du train.

émoticônes

Entoure  quand le personnage est triste. Entoure  quand le personnage est joyeux.

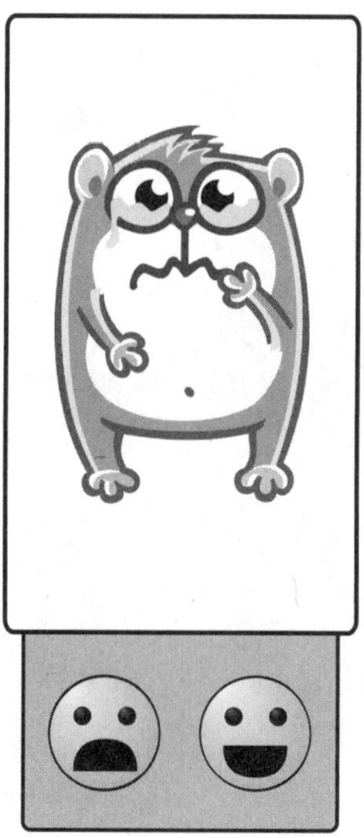

Le chercheur

Trouve les éléments
de gauche dans le décor.

L'artiste

Retrace le dessin de gauche à droite de la fleur.

Dans tous les sens

Entoure un des deux objets identiques.
Si tu regardes la flèche qui se trouve en dessous, tu trouveras quel objet tu dois entourer.

GAUCHE

De point en point

Relie chaque point dans l'ordre pour terminer le dessin. Quand tu as terminé, mets de la couleur.

Les jumeaux

Encercle les deux images qui sont identiques.

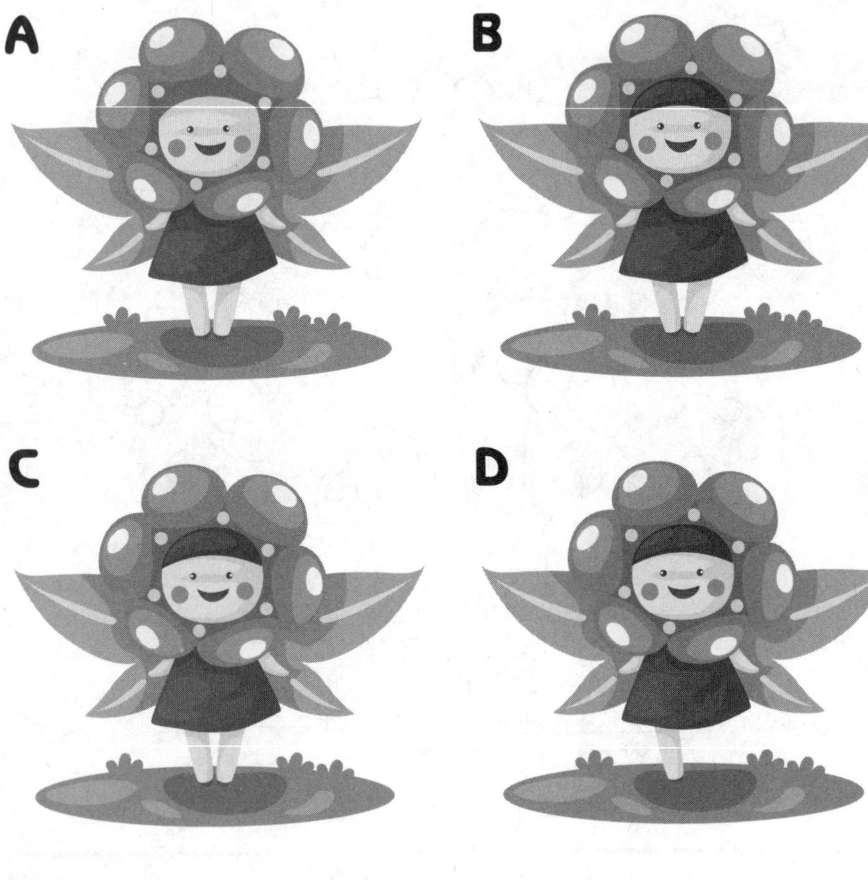

SYMÉTRIE

Complète l'image.

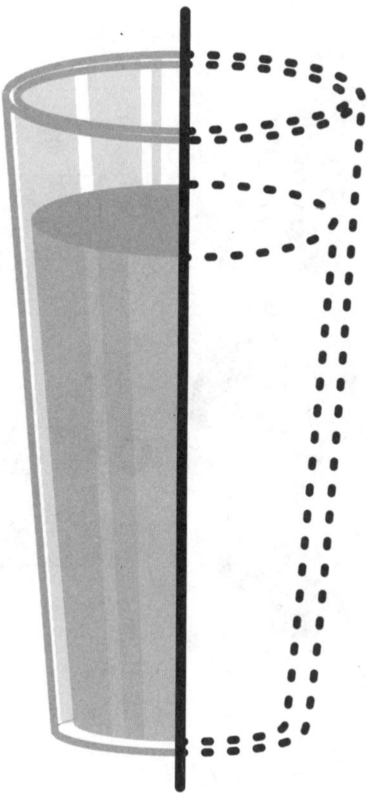

Le casse-tête

Trouve la partie manquante de l'image.

Dessin à colorier

Amuse-toi et mets de la couleur.

Les associations

Trouve et relie
les insectes qui volent.

Fourmi

Coccinelle

Papillon

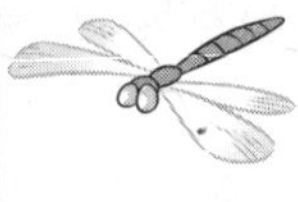

Libellule

Chien

Les silhouettes

Relie chaque image à sa silhouette.

Le mouton noir

Entoure dans chaque rangée le plus grand dessin.

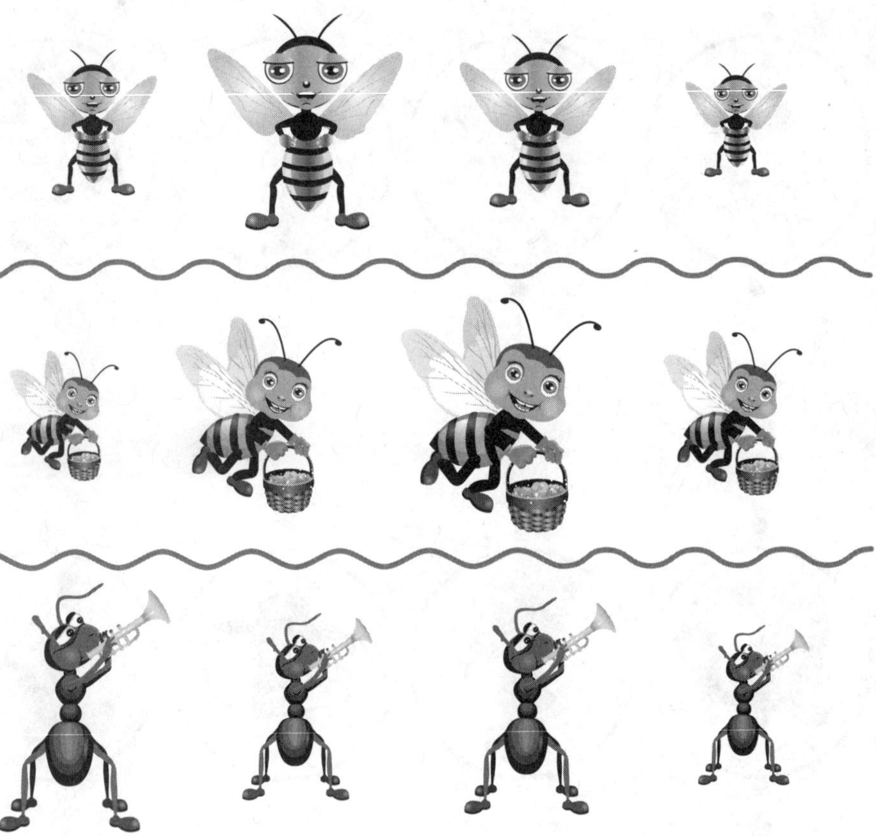

L'aventurier

Aide Jeannot lapin et trace le chemin
qui mène jusqu'à ses amis.

Les 4 erreurs

Regarde bien ces deux images.
Trouve les quatre différences
et entoure-les.

Le labyrinthe

Aide la maman lapin à se rendre jusqu'à son bébé.

Qui suis-je ?

Devine à quel mammifère
appartient l'ombre.

Le mathématicien

Dans chaque rangée,
entoure le nombre d'éléments qui
correspond au chiffre de gauche.

1 

3 

4 

La suite

Observe bien la suite ci-dessous. Complète la rangée en encerclant le dessin manquant.

L'identique

Associe les dessins qui sont identiques.

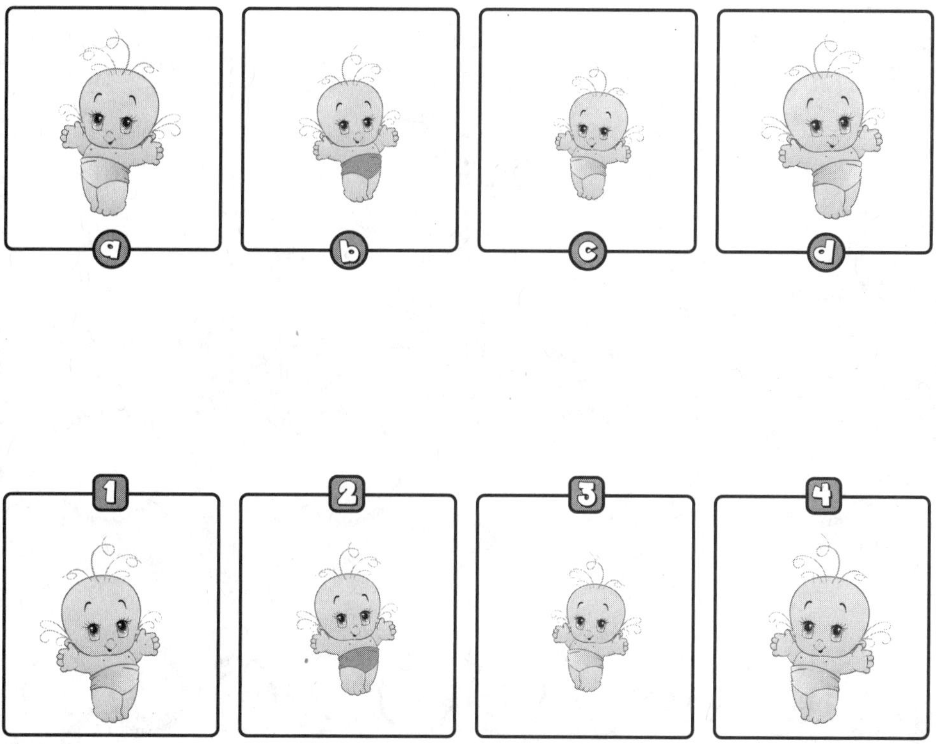

La calculatrice

Écris le nombre d'éléments
dans chaque case.

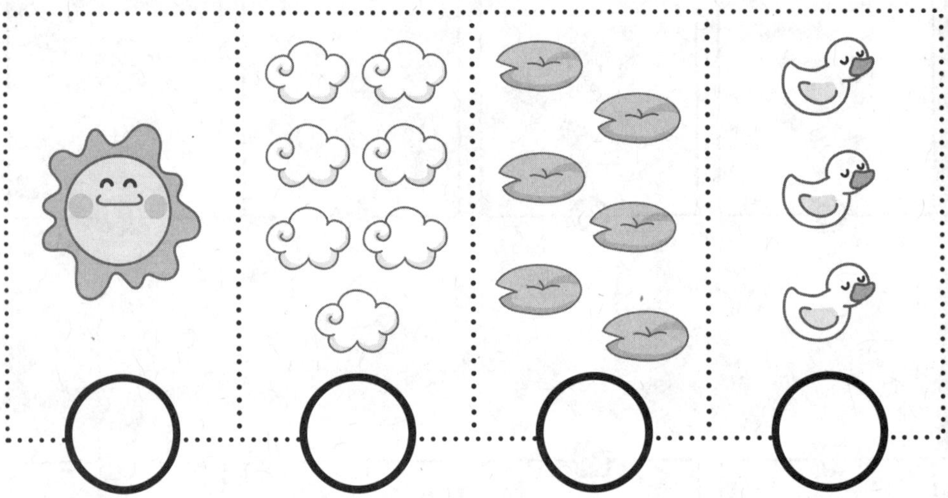

1 2 3 4 5 6 7 8 9 10

Le voyageur

Aide le dinosaure à retrouver son ami.
Suis les cochons et trace le chemin.
Tu peux te déplacer de façon horizontale, verticale ou en diagonale.

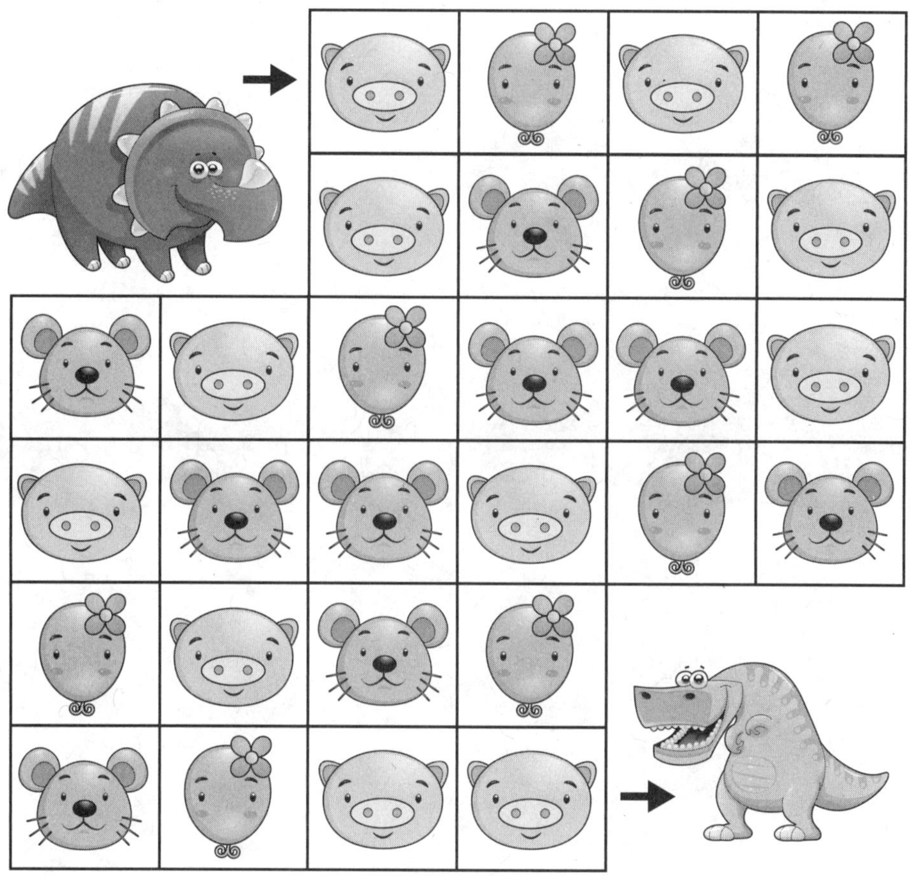

Les doigts de la main

Entoure la main quand il y a
5 éléments dans la même rangée.

L'écrivain

Passe avec ton crayon sur les pointillés. Exerce-toi ensuite sans pointillés.

G

g g g

G G

H

h h h

H H

Le petit train

Entoure la lettre qui est écrite sur la locomotive dans chacun des mots du train.

émoticônes

Entoure 😮 quand le personnage est triste. Entoure 😀 quand le personnage est joyeux.

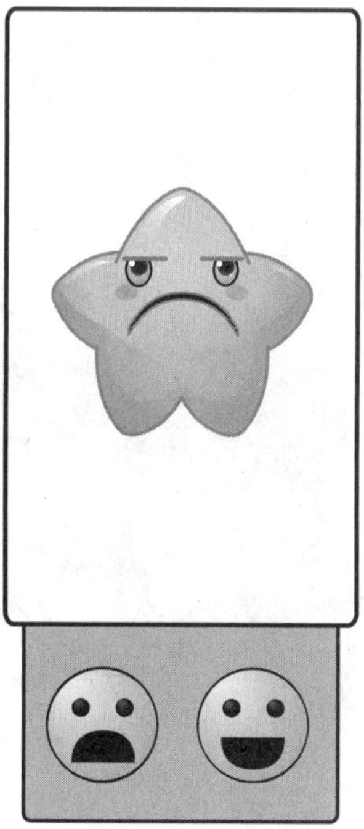

Jeu 93

Le chercheur

Trouve les éléments
de gauche dans le décor.

L'artiste

Retrace le dessin de gauche à droite de la fleur.

Dans tous les sens

Entoure un des deux objets identiques.
Si tu regardes la flèche qui se trouve en dessous, tu trouveras quel objet tu dois entourer.

BAS DROITE

De point en point

Relie chaque point dans l'ordre pour terminer le dessin. Quand tu as terminé, mets de la couleur.

Les jumeaux

Encercle les deux images qui sont identiques.

A

B

C

D

SYMÉTRIE

Complète l'image.

Le casse-tête

Trouve la partie manquante de l'image.

A 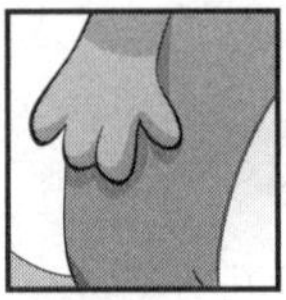

B 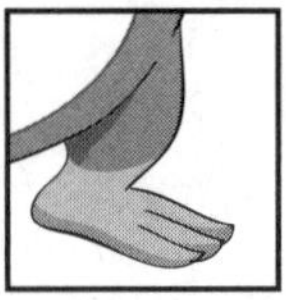

C 

D 

Dessin à colorier

Amuse-toi et mets de la couleur.

Les associations

Trouve et relie les fleurs qui poussent dans la prairie.

Marguerite

Nuage

Tournesol

Arbre

Tulipes

Les silhouettes

Relie chaque image
à sa silhouette.

Le mouton noir

Entoure dans chaque rangée le plus grand dessin.

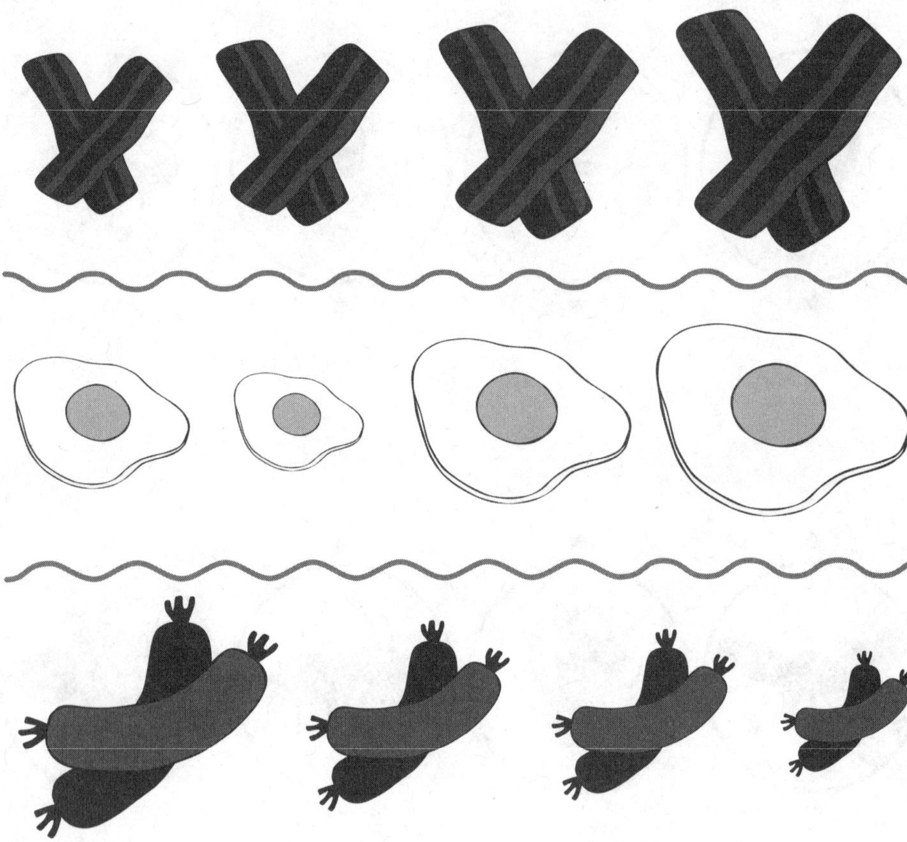

L'aventurier

Aide l'oiseau et trace le chemin
qui mène jusqu'à son copain.

Les 4 erreurs

Regarde bien ces deux images.
Trouve les quatre différences
et entoure-les.

Jeu 106

Le Labyrinthe

Aide le hibou à se rendre jusqu'au panier d'œufs.

Qui suis-je ?

Devine à quel mammifère appartient l'ombre.

Le mathématicien

Dans chaque rangée,
entoure le nombre d'éléments qui
correspond au chiffre de gauche.

2

1

4

La suite

Observe bien la suite
ci-dessous. Complète la rangée
en encerclant le dessin manquant.

L'identique

Associe les dessins qui sont identiques.

a

b

c

d

1

2

3

4

La calculatrice

Écris le nombre d'éléments dans chaque case.

1 2 3 4 5 6 7 8 9 10

Le voyageur

Aide le chien à retrouver le mouton.
Suis les arbres et trace le chemin.
Tu peux te déplacer de façon horizontale, verticale ou en diagonale.

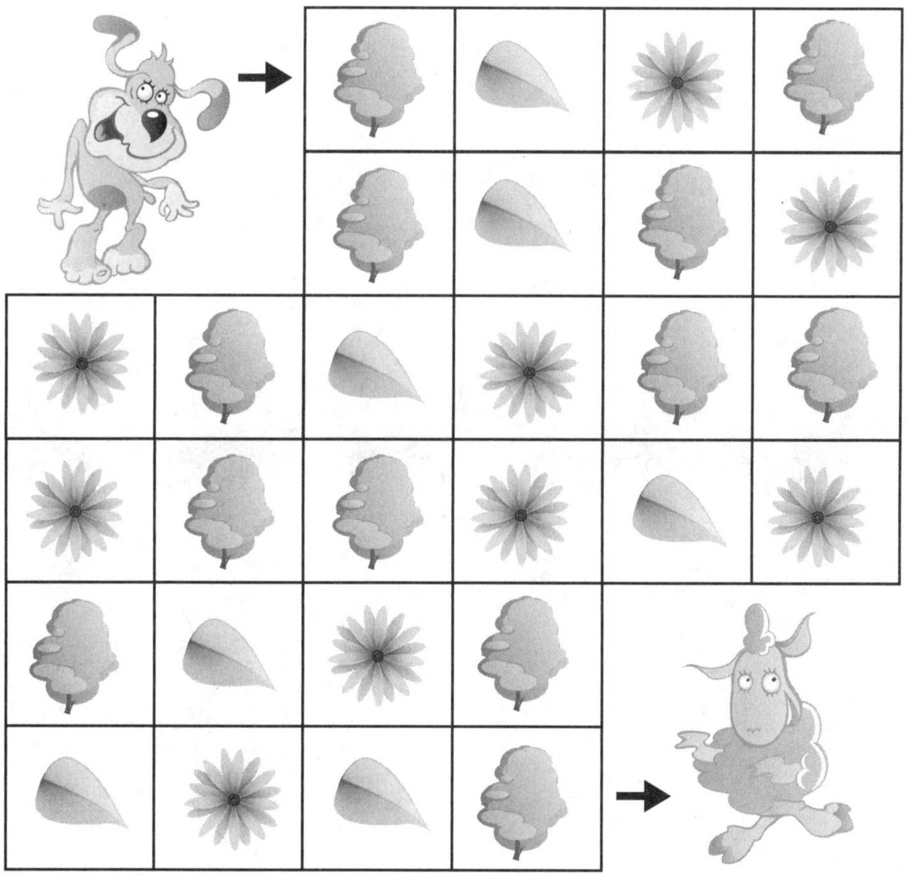

Les doigts de la main

Entoure la main quand il y a
5 éléments dans la même rangée.

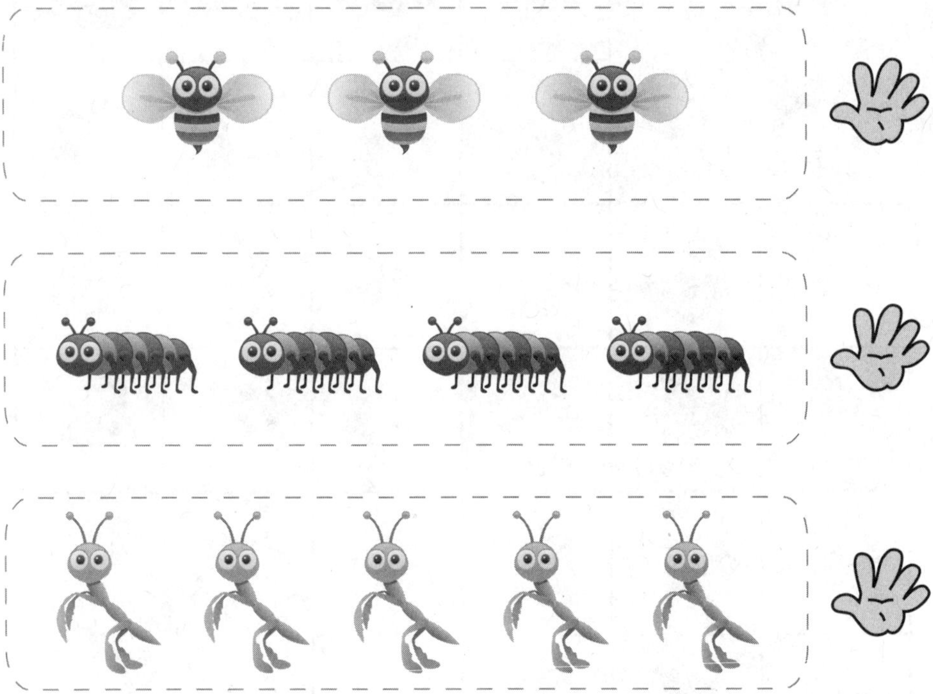

L'écrivain

Passe avec ton crayon sur les pointillés. Exerce-toi ensuite sans pointillés.

i i i

I I

j j j

J J

Le Petit Train

Entoure la lettre qui est écrite sur la locomotive dans chacun des mots du train.

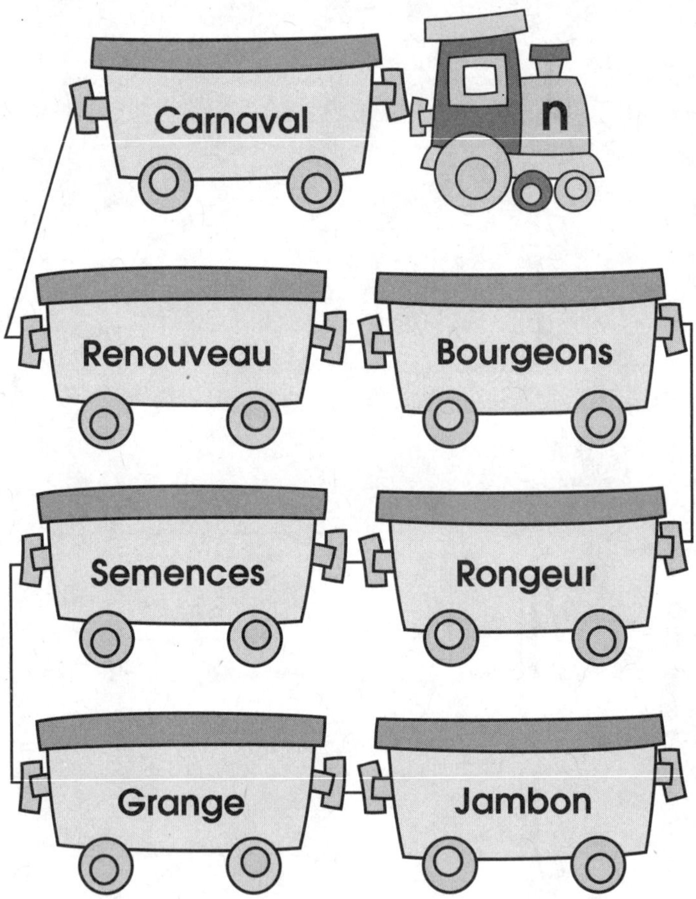

Émoticônes

Entoure 😮 quand le personnage est triste. Entoure 😃 quand le personnage est joyeux.

Le chercheur

Trouve les éléments
de gauche dans le décor.

L'artiste

Retrace le dessin de gauche à droite de la fleur.

Dans tous les sens

Entoure un des deux objets identiques.
Si tu regardes la flèche qui se trouve
en dessous, tu trouveras quel objet tu dois entourer.

DROITE

De point en point

Relie chaque point dans l'ordre pour terminer le dessin. Quand tu as terminé, mets de la couleur.

Les jumeaux

Encercle les deux images qui sont identiques.

A

B

C

D

SYMÉTRIE

Complète l'image.

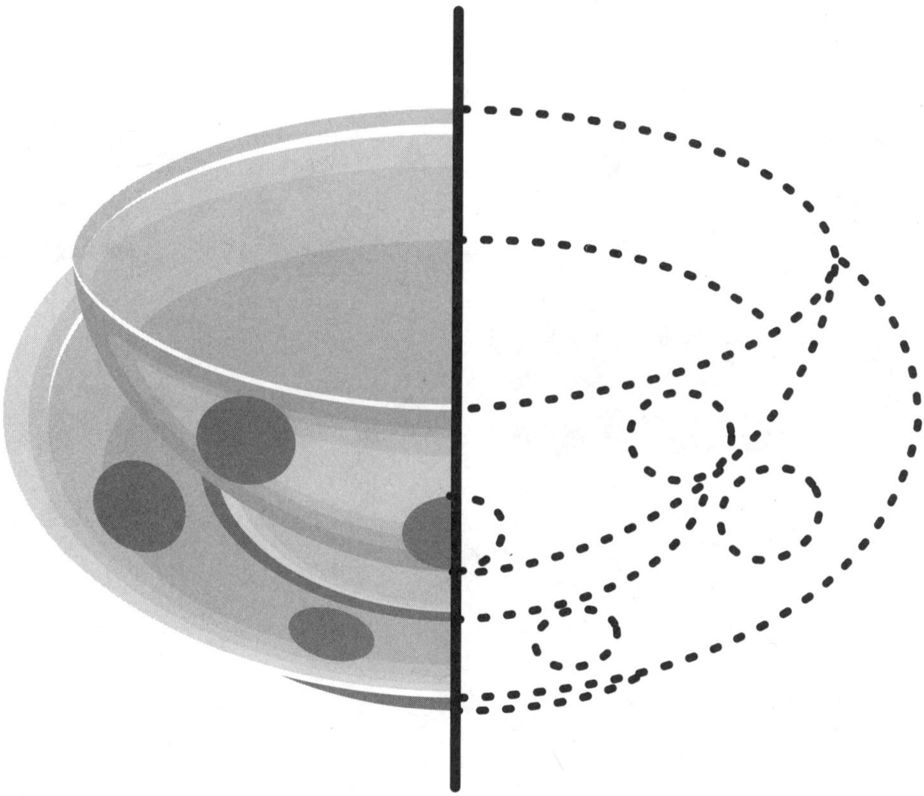

Le casse-tête

Trouve la partie manquante de l'image.

A 

B 

C 

D 

Dessin à colorier

Amuse-toi et mets de la couleur.

Les associations

Trouve et relie les animaux qui sont herbivores.

Les silhouettes

Relie chaque image à sa silhouette.

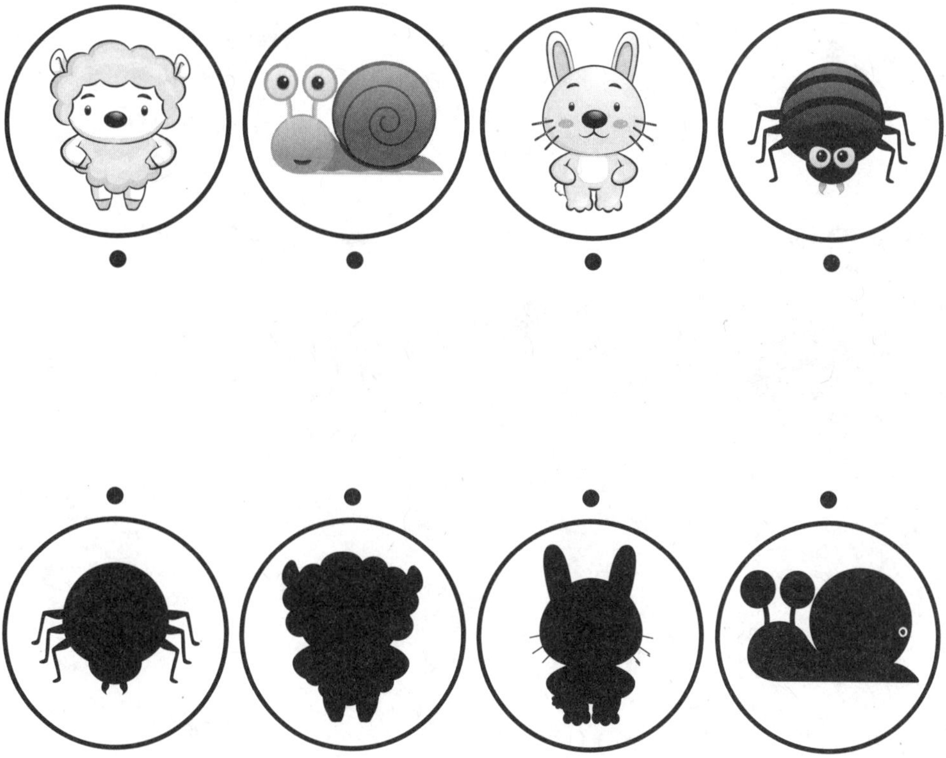

Le mouton noir

Entoure dans chaque rangée le plus grand dessin.

L'aventurier

Aide l'oiseau et trace le chemin qui mène jusqu'à la mangeoire.

Les 4 eRReuRS

Regarde bien ces deux images.
Trouve les quatre différences
et entoure-les.

Le labyrinthe

Aide les enfants à se rendre jusqu'au moulin.

Qui suis-je ?

Devine à quel végétal appartient l'ombre.

Le mathématicien

Dans chaque rangée,
entoure le nombre d'éléments qui
correspond au chiffre de gauche.

2 

5 

3 

La suite

Observe bien la suite ci-dessous. Complète la rangée en encerclant le dessin manquant.

L'identique

Associe les dessins
qui sont identiques.

a

b

c

d

1

2

3

4

La calculatrice

Écris le nombre d'éléments dans chaque case.

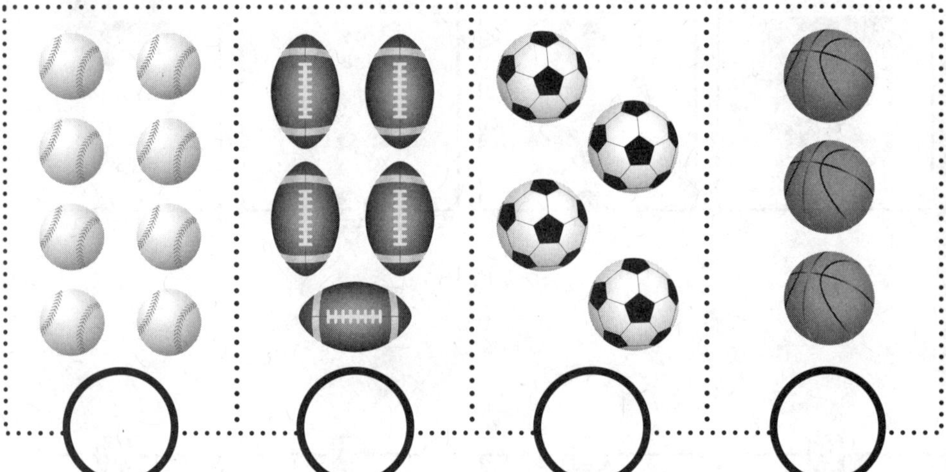

1 2 3 4 5 6 7 8 9 10

Le voyageur

Aide le cochon à retrouver la vache.
Suis les bananes et trace le chemin.
Tu peux te déplacer de façon horizontale, verticale ou en diagonale.

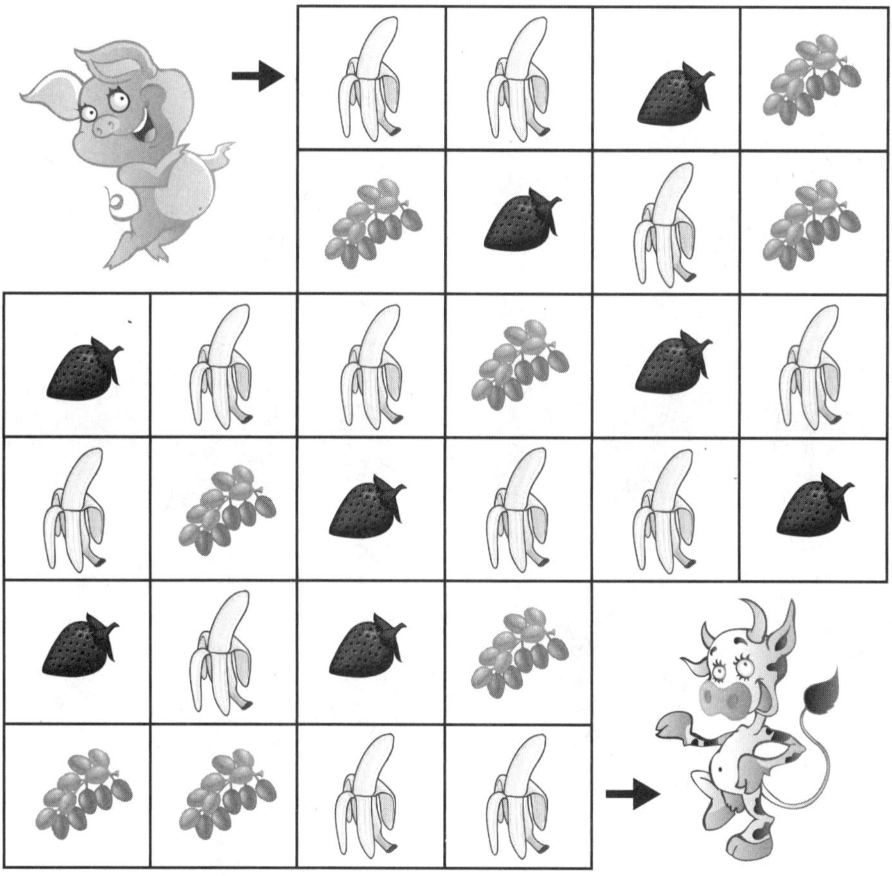

Les doigts de la main

Entoure la main quand il y a
5 éléments dans la même rangée.

L'écrivain

Passe avec ton crayon sur les pointillés. Exerce-toi ensuite sans pointillés.

K

k k k

K K

L

l l l

L L

Le petit train

Entoure la lettre qui est écrite sur la locomotive dans chacun des mots du train.

émoticônes

Entoure quand le personnage est triste. Entoure quand le personnage est joyeux.

Le chercheur

Trouve les éléments de gauche dans le décor.

Jeu 142

L'artiste

Retrace le dessin de gauche
à droite de la fleur.

Dans tous les sens

Entoure un des deux objets identiques. Si tu regardes la flèche qui se trouve en dessous, tu trouveras quel objet tu dois entourer.

DROITE

De point en point

Relie chaque point dans l'ordre pour terminer le dessin. Quand tu as terminé, mets de la couleur.

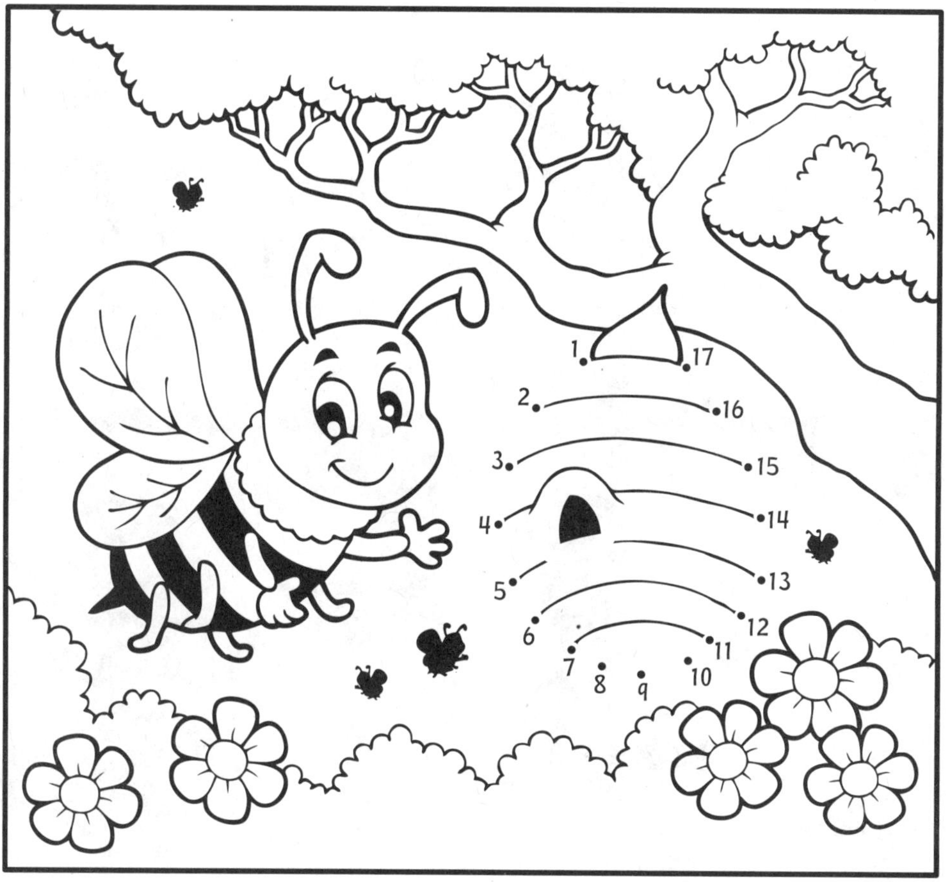

Les jumeaux

Encercle les deux images qui sont identiques.

A

B

C

D

SYMÉTRIE

Complète l'image.

Le casse-tête

Trouve la partie manquante de l'image.

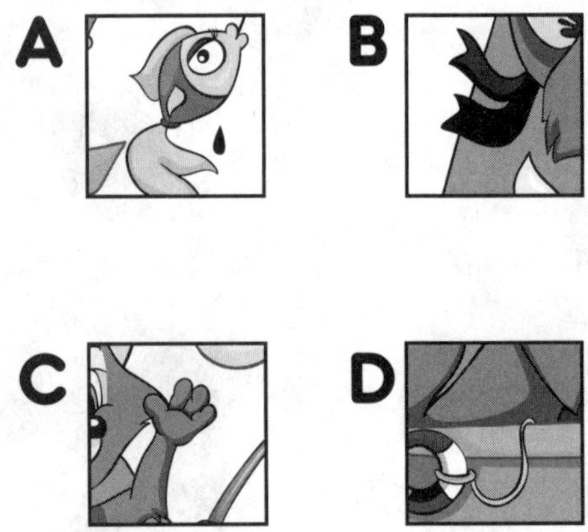

Dessin à colorier

Amuse-toi et mets de la couleur.

Les associations

Trouve et relie les animaux qui vivent dans un arbre.

Oiseau

Vache

Poisson

Écureuil

Mouton

Les silhouettes

Relie chaque image à sa silhouette.

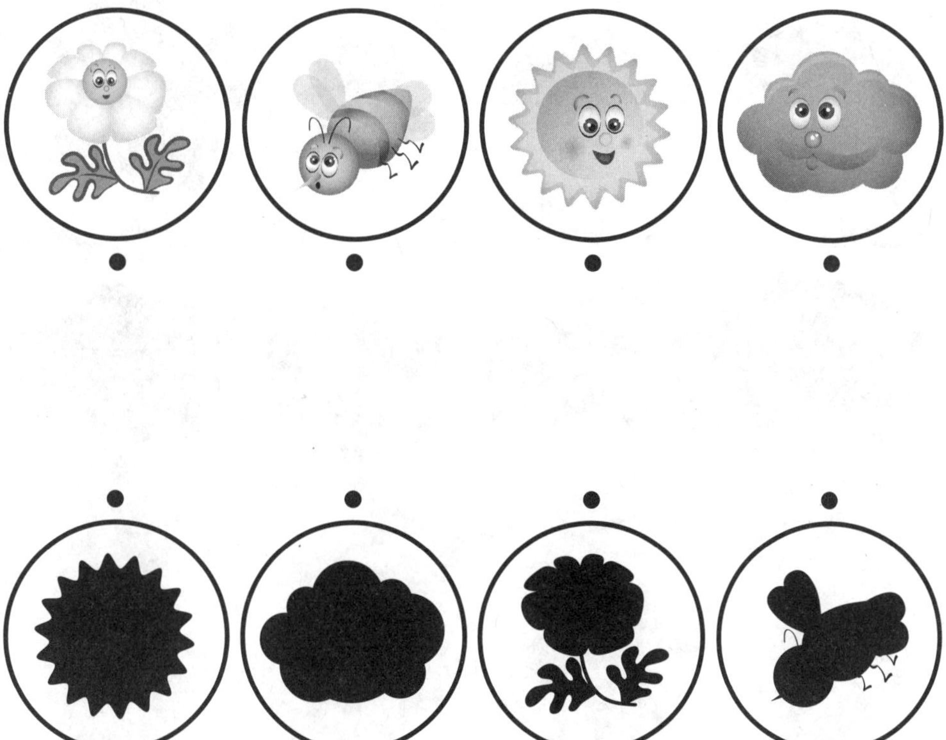

Le mouton noir

Entoure dans chaque rangée le plus grand dessin.

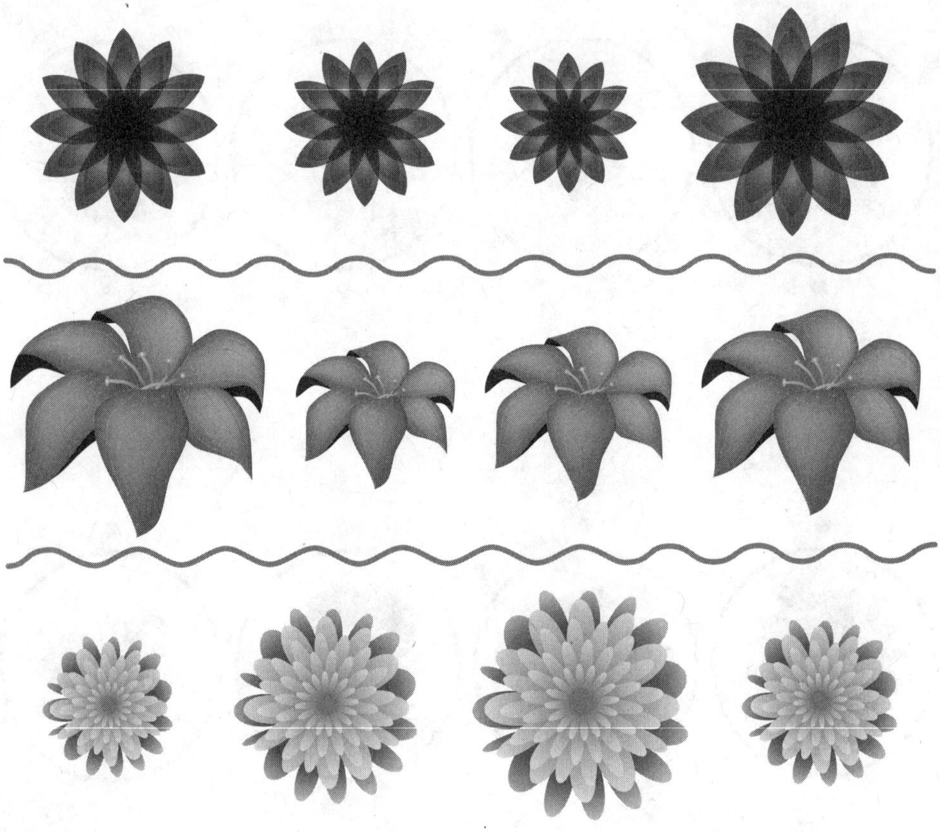

L'aventurier

Aide les 3 oiseaux et trace le chemin qui mène jusqu'à l'oiseau seul.

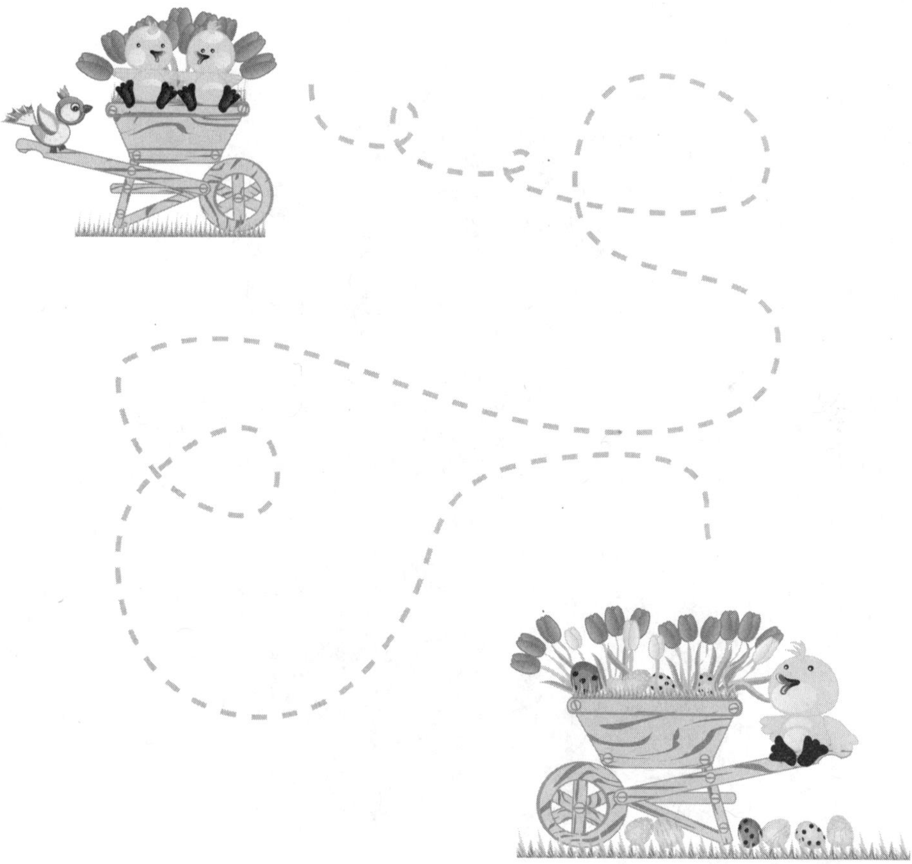

Les 4 eRReURS

Regarde bien ces deux images.
Trouve les quatre différences
et entoure-les.

Le labyrinthe

Aide le chat à se rendre jusqu'à son bol.

Qui suis-je ?

Devine à quel oiseau appartient l'ombre.

Le mathématicien

Dans chaque rangée,
entoure le nombre d'éléments qui
correspond au chiffre de gauche.

5 

3 

2 

La suite

Observe bien la suite ci-dessous. Complète la rangée en encerclant le dessin manquant.

Jeu 158

L'identique

Associe les dessins qui sont identiques.

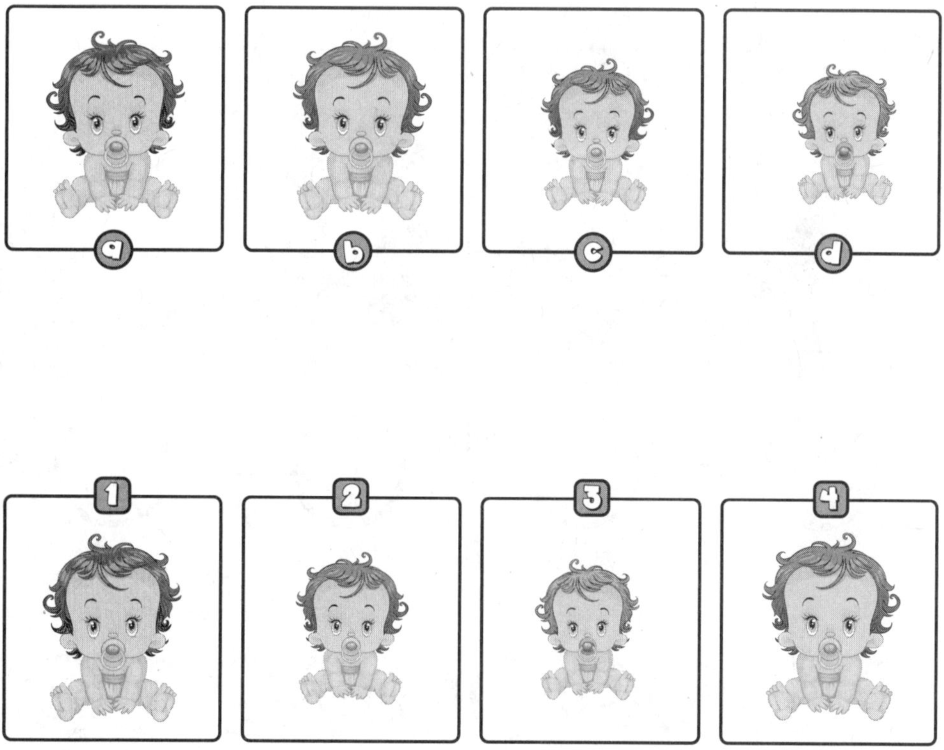

La calculatrice

Écris le nombre d'éléments dans chaque case.

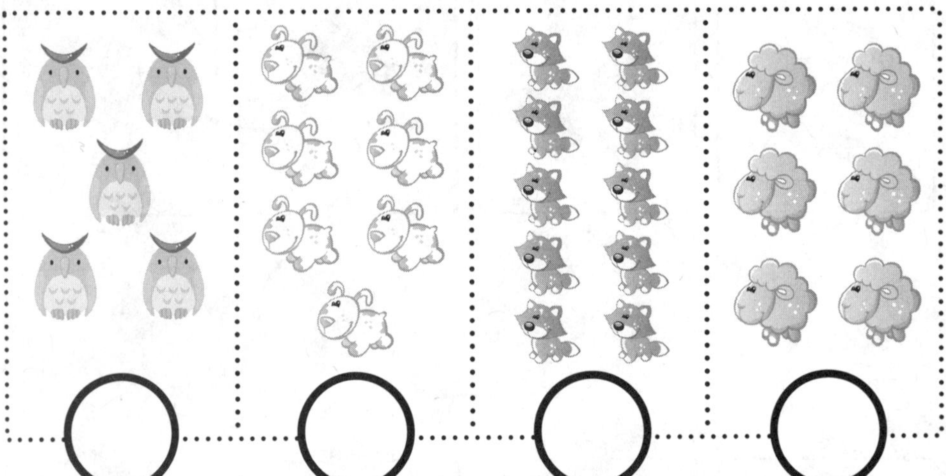

1 2 3 4 5 6 7 8 9 10

Le voyageur

Aide l'âne à retrouver le cheval.
Suis les clôtures et trace le chemin.
Tu peux te déplacer de façon horizontale, verticale ou en diagonale.

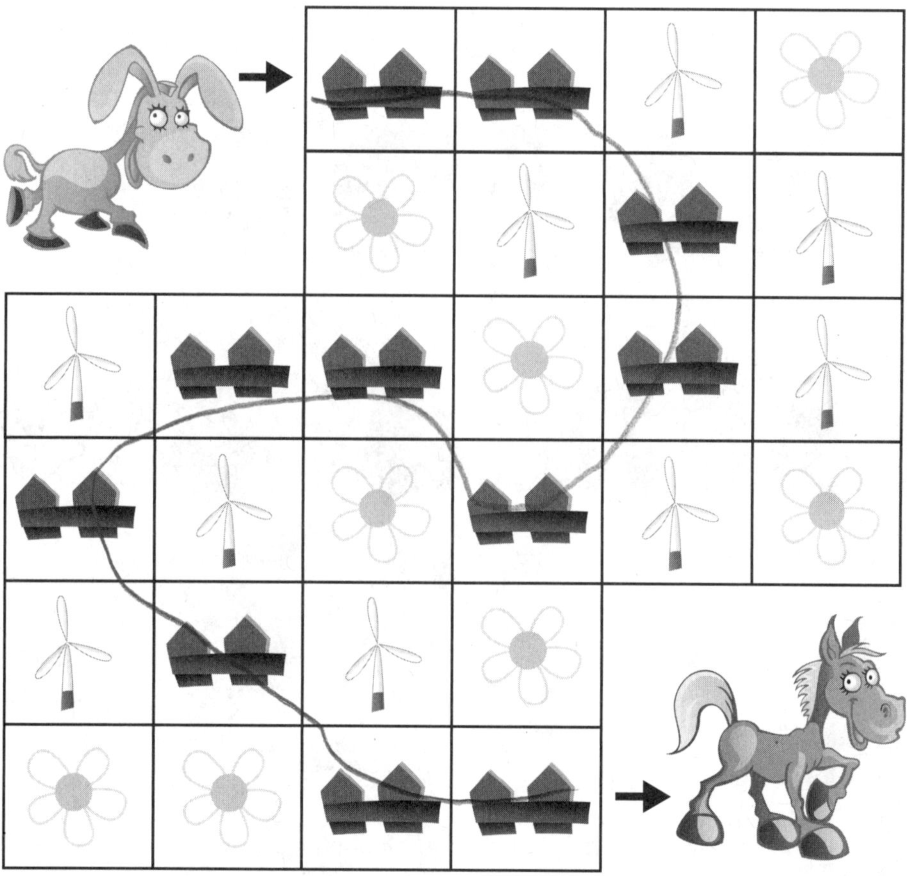

Les doigts de la main

Entoure la main quand il y a 5 éléments dans la même rangée.

L'écrivain

Passe avec ton crayon sur les pointillés. Exerce-toi ensuite sans pointillés.

M

m m m

M M

N

n n n

N N

Le petit train

Entoure la lettre qui est écrite sur la locomotive dans chacun des mots du train.

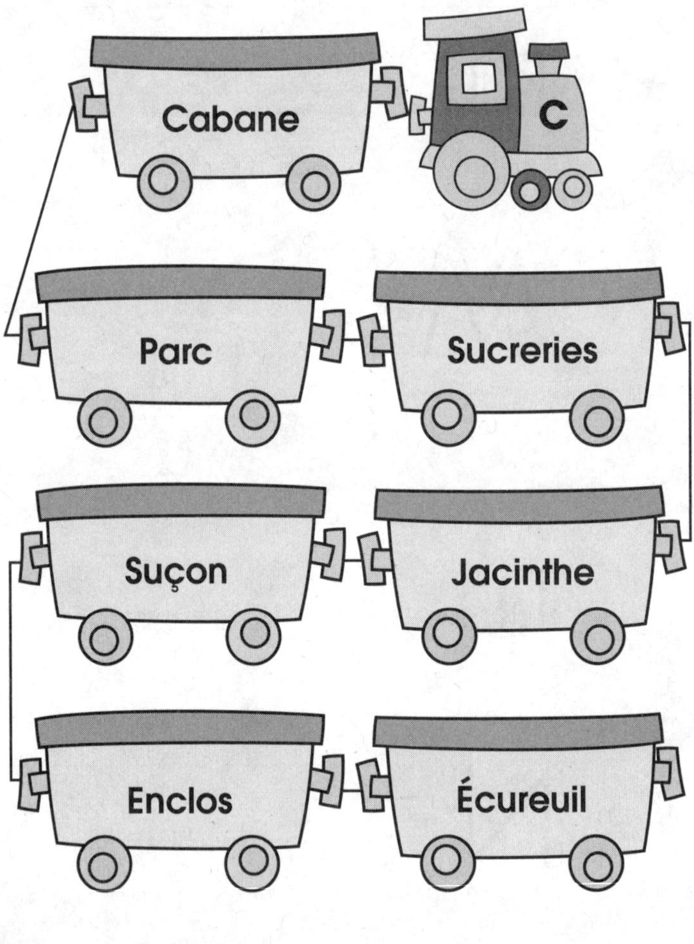

émoticônes

Entoure quand le personnage est triste. Entoure quand le personnage est joyeux.

Le chercheur

Trouve les éléments de gauche dans le décor.

L'artiste

Retrace le dessin de gauche à droite de la fleur.

Dans tous les sens

Entoure un des deux objets identiques. Si tu regardes la flèche qui se trouve en dessous, tu trouveras quel objet tu dois entourer.

GAUCHE

De point en point

Relie chaque point dans l'ordre pour terminer le dessin. Quand tu as terminé, mets de la couleur.

Les jumeaux

Encercle les deux images qui sont identiques.

A

B

C

D

SYMÉTRIE

Complète l'image.

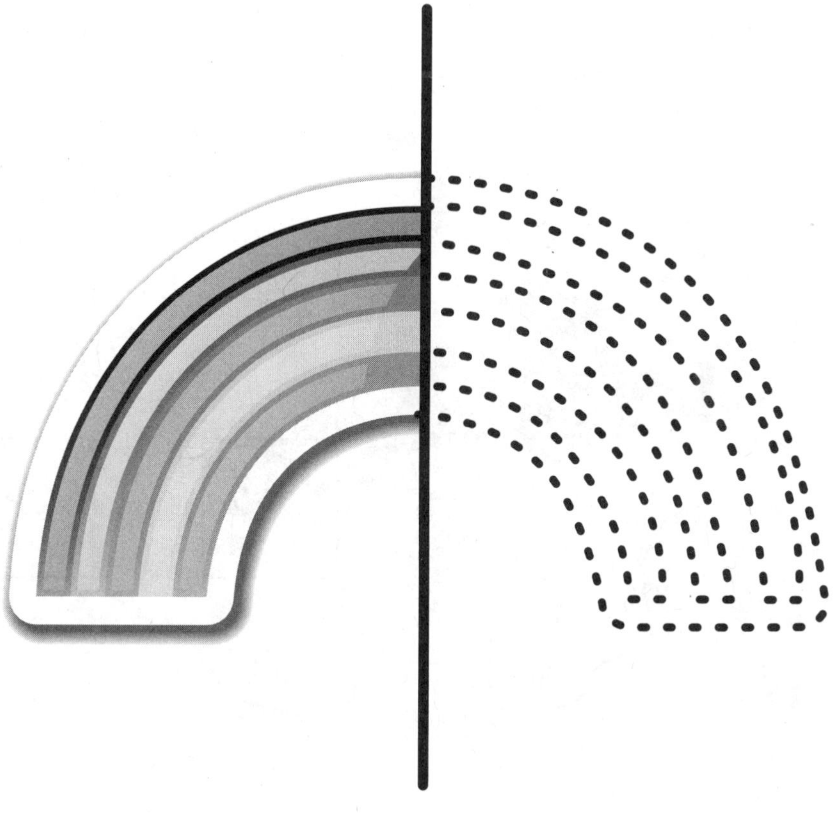

Le casse-tête

Trouve la partie manquante de l'image.

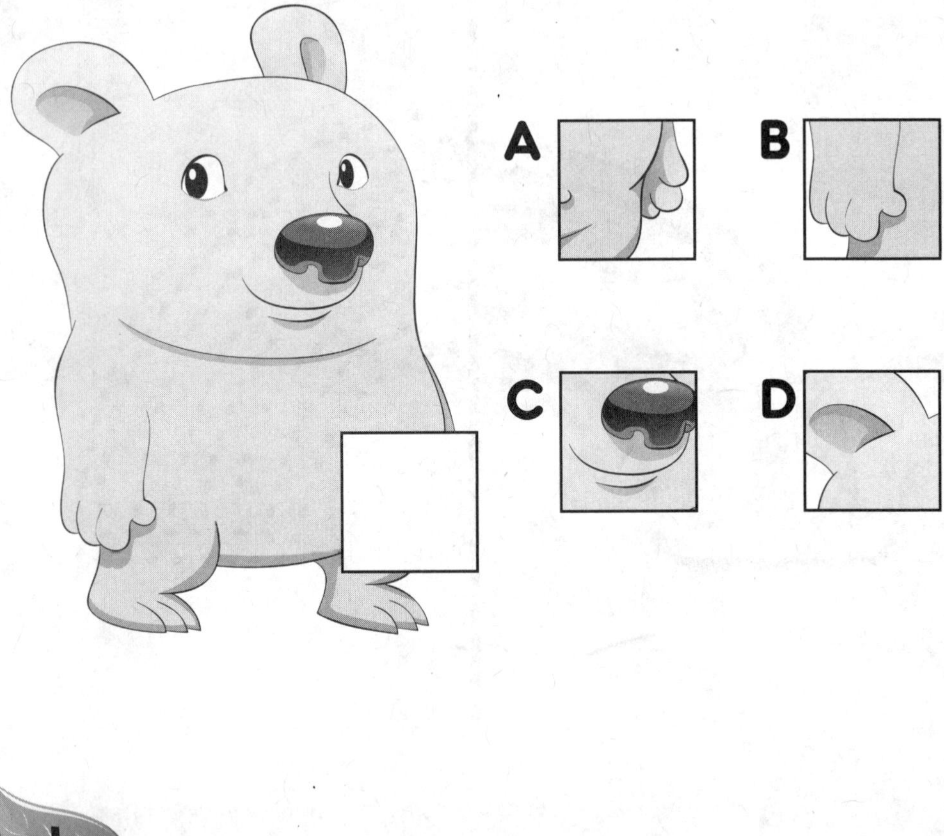

Dessin à colorier

Amuse-toi et mets de la couleur.

Les associations

Trouve et relie les animaux qui vivent dans une grotte.

Cerf

Chauve-souris

Ours

Bouquetin

Lapin

Les silhouettes

Relie chaque image à sa silhouette.

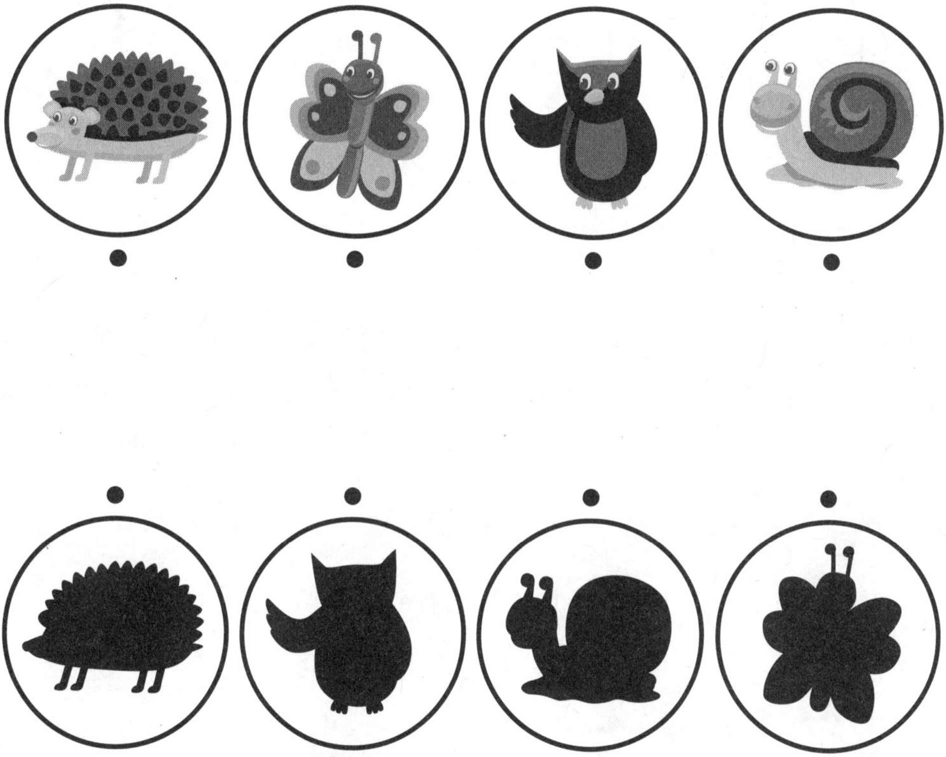

Le mouton noir

Entoure dans chaque rangée le plus grand dessin.

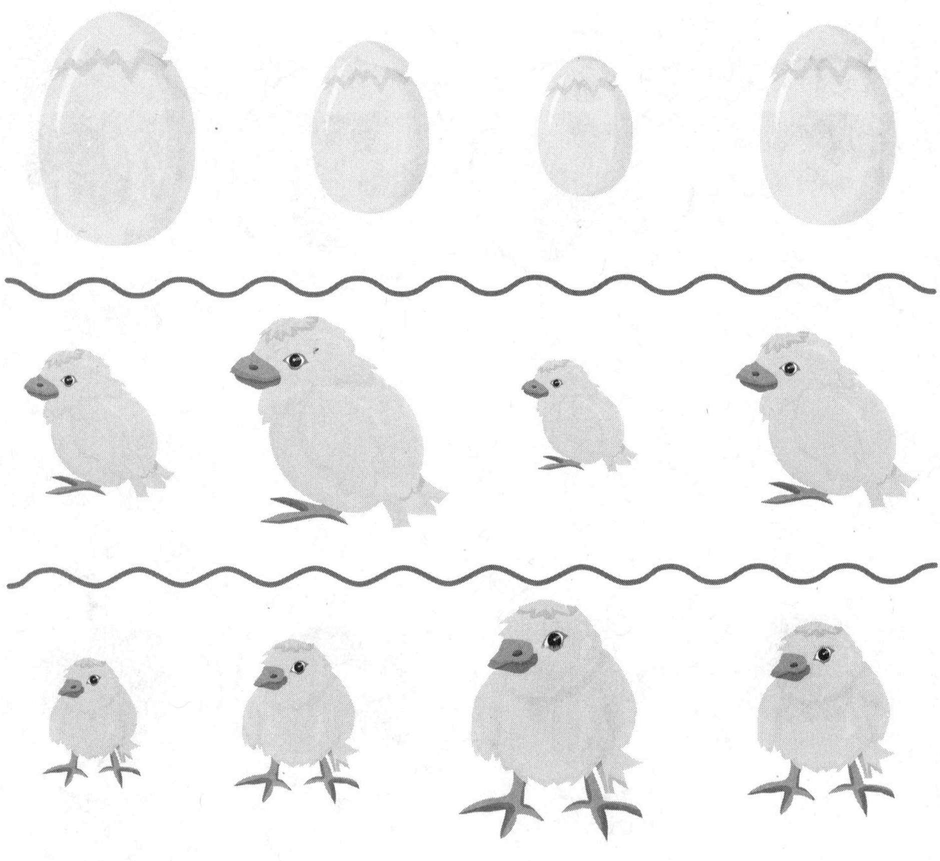

L'aventurier

Aide le lapin et trace le chemin qui mène jusqu'à ses œufs.

Les 4 erreurs

Regarde bien ces deux images.
Trouve les quatre différences
et entoure-les.

Le labyrinthe

Aide le garçon à se rendre jusqu'à la glissoire.

QUI SUIS-JE ?

Devine à quel insecte appartient l'ombre.

Le mathématicien

Dans chaque rangée,
entoure le nombre d'éléments qui
correspond au chiffre de gauche.

2 

4 

5 

La suite

Observe bien la suite ci-dessous. Complète la rangée en encerclant le dessin manquant.

Jeu 182

L'identique

Associe les dessins qui sont identiques.

a

b

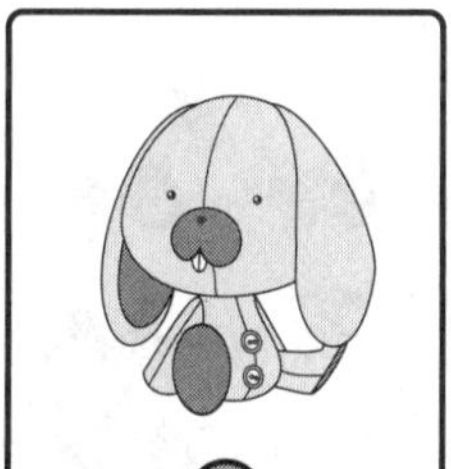
c

d

1

2

3

4

La calculatrice

Écris le nombre d'éléments dans chaque case.

1 2 3 4 5 6 7 8 9 10

Le voyageur

Aide la grenouille à retrouver le poisson.
Suis les coccinelles et trace le chemin.
Tu peux te déplacer de façon
horizontale, verticale ou en diagonale.

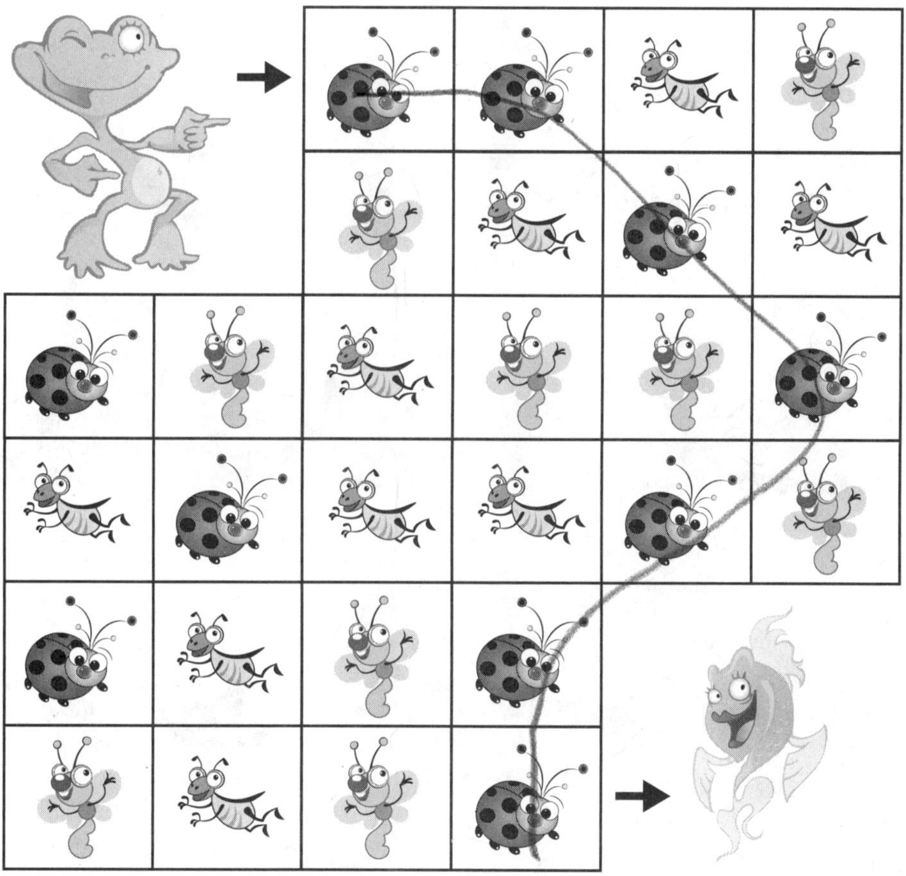

Les doigts de la main

Entoure la main quand il y a
5 éléments dans la même rangée.

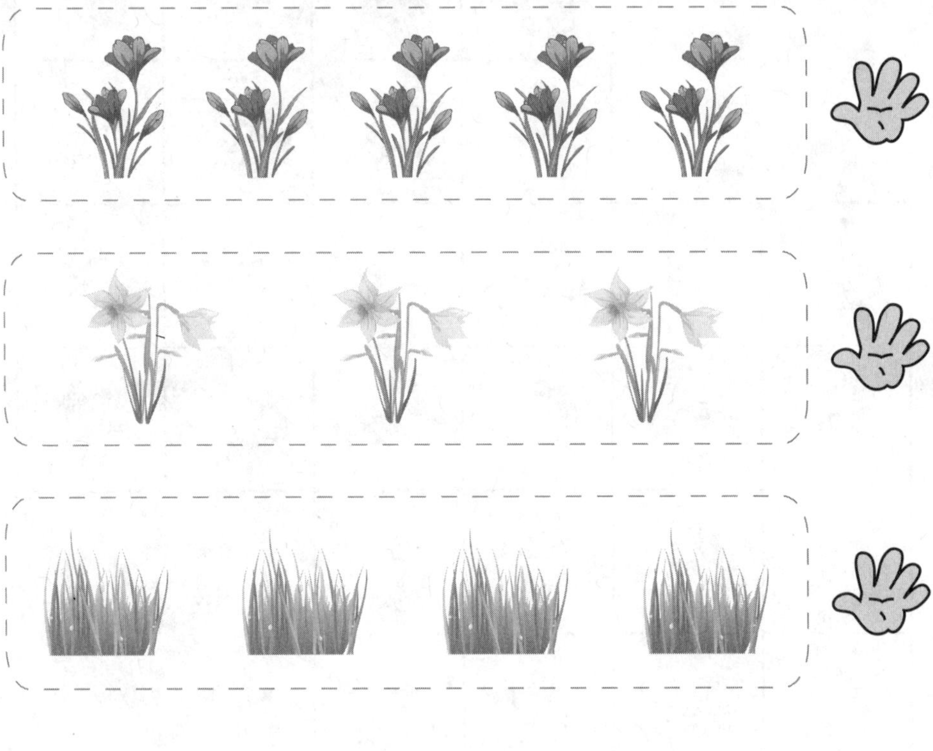

L'écrivain

Passe avec ton crayon sur les pointillés. Exerce-toi ensuite sans pointillés.

o o o

O O

p p p

P P

Le petit train

Entoure la lettre qui est écrite sur la locomotive dans chacun des mots du train.

Émoticônes

Entoure 😮 quand le personnage est triste. Entoure 😀 quand le personnage est joyeux.

Le chercheur

Trouve les éléments de gauche dans le décor.

Jeu 190

L'artiste

Retrace le dessin de gauche à droite de la fleur.

DANS TOUS LES SENS

Entoure un des deux objets identiques.
Si tu regardes la flèche qui se trouve
en dessous, tu trouveras quel objet tu dois entourer.

DROITE

De point en point

Relie chaque point dans l'ordre pour terminer le dessin. Quand tu as terminé, mets de la couleur.

Les jumeaux

Encercle les deux images
qui sont identiques.

A

B

C

D

Jeu
194

SYMÉTRIE

Complète l'image.

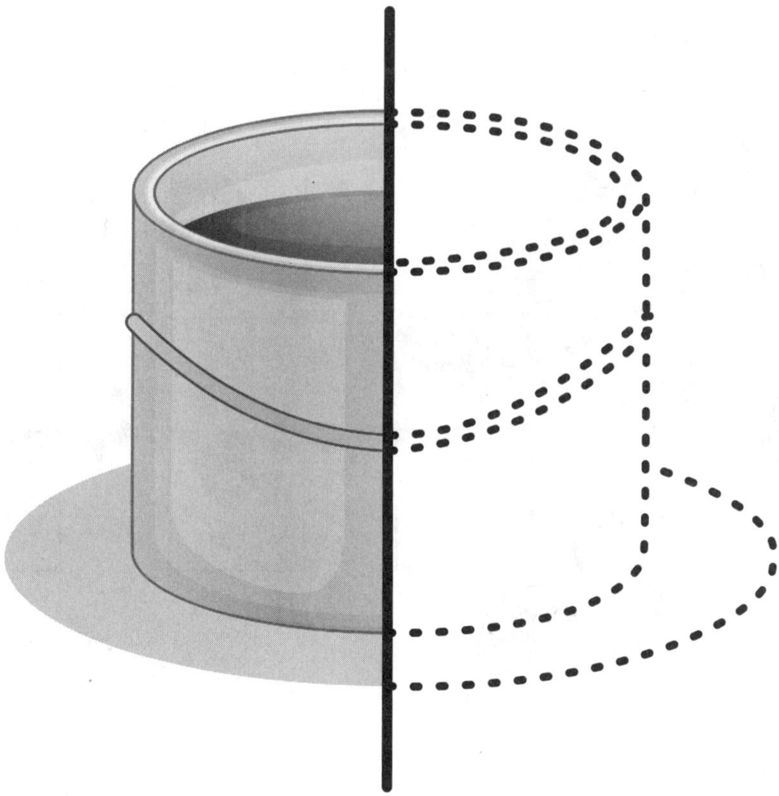

Le casse-tête

Trouve la partie manquante de l'image.

Dessin à colorier

Amuse-toi et mets de la couleur.

Les associations

Trouve et relie les légumes que l'on retrouve dans un jardin.

Fèves

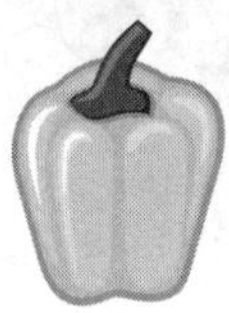

Piment

Ananas

Concombre

Citrouille

Les Silhouettes

Relie chaque image à sa silhouette.

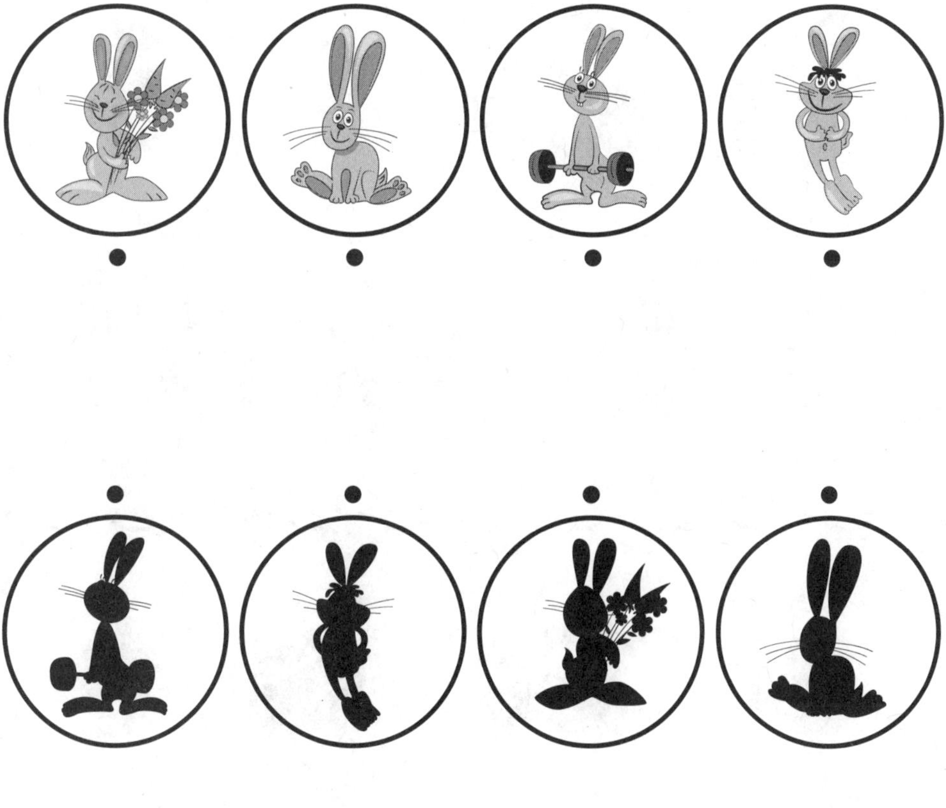

Le mouton noir

Entoure dans chaque rangée le plus grand dessin.

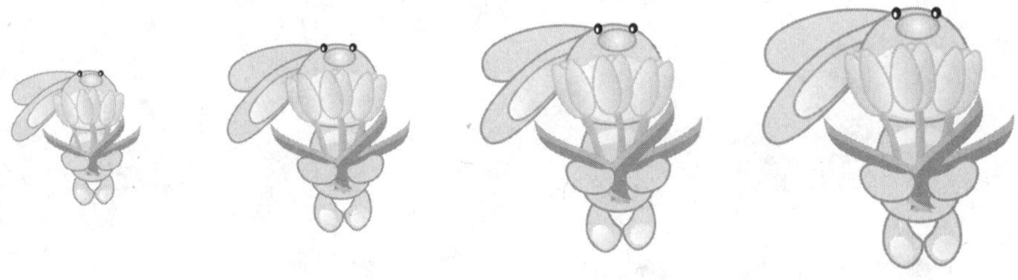

L'aventurier

Aide le renard et trace le chemin
qui mène jusqu'au papillon sur l'arbre.

Les 4 eRReuRS

Regarde bien ces deux images.
Trouve les quatre différences
et entoure-les.

Le labyrinthe

Aide l'abeille à se rendre jusqu'aux alvéoles.

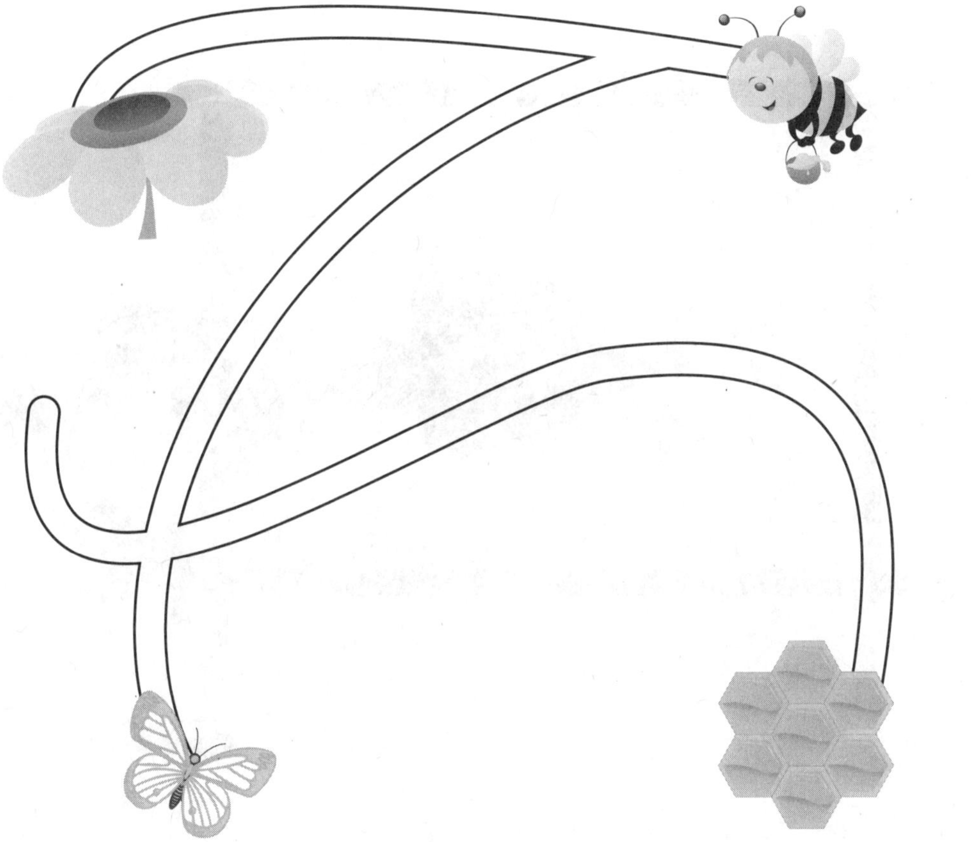

Qui suis-je ?

Devine à quel animal appartient l'ombre.

Le mathématicien

Dans chaque rangée,
entoure le nombre d'éléments qui
correspond au chiffre de gauche.

5 

2 

3 

La suite

Observe bien la suite
ci-dessous. Complète la rangée
en encerclant le dessin manquant.

Jeu 206

L'identique

Associe les dessins qui sont identiques.

a b c d

1 2 3 4

La calculatrice

Écris le nombre d'éléments dans chaque case.

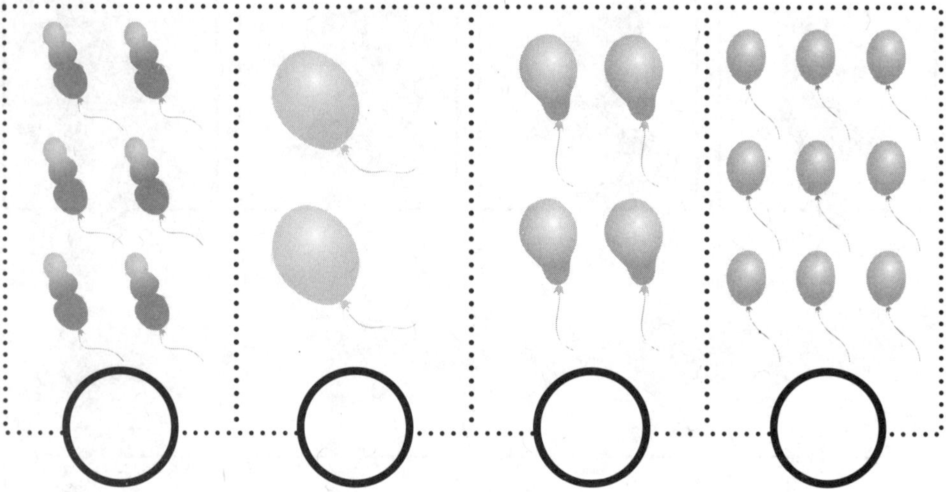

1 2 3 4 5 6 7 8 9 10

Le voyageur

Aide la grenouille à retrouver l'insecte.
Suis les marguerites et trace le chemin.
Tu peux te déplacer de façon horizontale, verticale ou en diagonale.

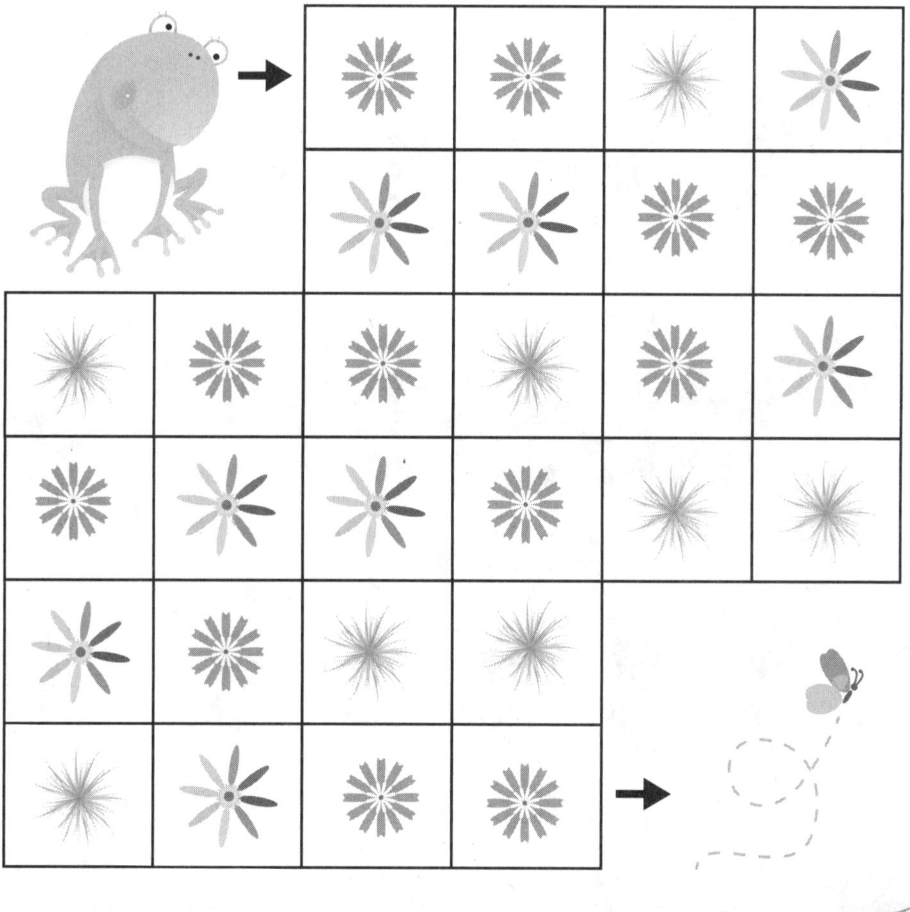

Les doigts de la main

Entoure la main quand il y a
5 éléments dans la même rangée.

L'écrivain

Passe avec ton crayon sur les pointillés. Exerce-toi ensuite sans pointillés.

Q

q q q

Q Q

R

r r r

R R

Le petit train

Entoure la lettre qui est écrite sur la locomotive dans chacun des mots du train.

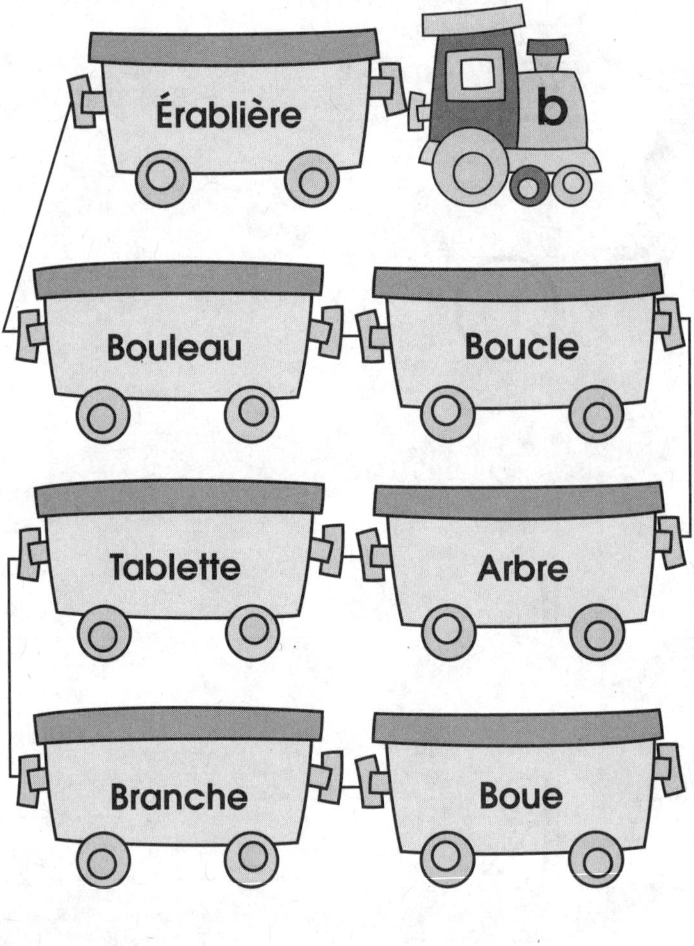

émoticônes

Entoure 😮 quand le personnage est triste. Entoure 😃 quand le personnage est joyeux.

Le chercheur

Trouve les éléments
de gauche dans le décor.

L'artiste

Retrace le dessin de gauche à droite de la fleur.

Jeu 215

Dans tous les sens

Entoure un des deux objets identiques.
Si tu regardes la flèche qui se trouve
en dessous, tu trouveras quel objet tu dois entourer.

HAUT GAUCHE

De point en point

Relie chaque point dans l'ordre pour terminer le dessin. Quand tu as terminé, mets de la couleur.

Les jumeaux

Encercle les deux images qui sont identiques.

A

B

C

D

SYMÉTRIE

Complète l'image.

Le casse-tête

Trouve la partie manquante de l'image.

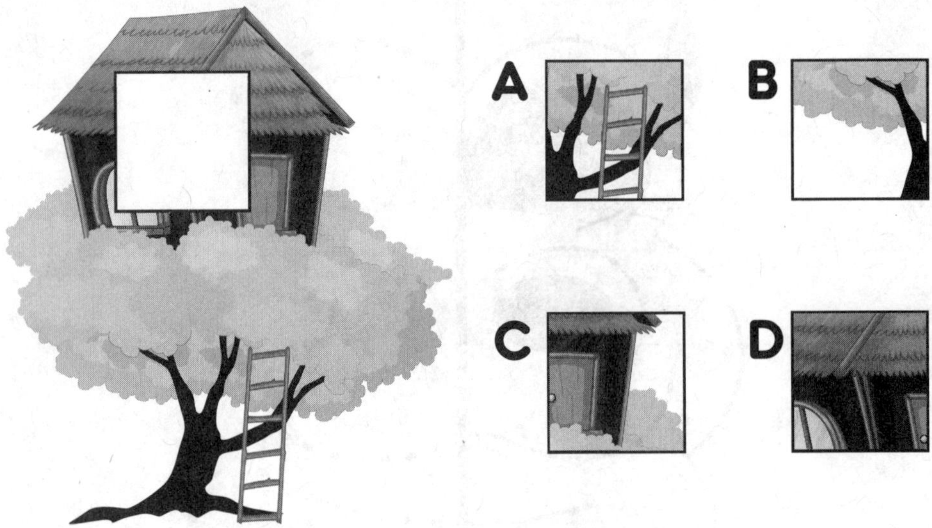

Dessin à colorier

Amuse-toi et mets de la couleur.

Les associations

Trouve et relie les éléments qui se rapportent à la fête de Pâques.

Œufs

Tulipe

Chocolat

Chenille

Maïs

Jeu 222

Les silhouettes

Relie chaque image à sa silhouette.

Le mouton noir

Entoure dans chaque rangée le plus grand dessin.

L'aventurier

Aide l'oiseau et trace le chemin qui mène jusqu'à son ami.

Les 4 erreurs

Regarde bien ces deux images.
Trouve les quatre différences
et entoure-les.

Le labyrinthe

Aide le garçon à se rendre jusqu'au papillon.

Qui suis-je ?

Devine à quel animal appartient l'ombre.

Le mathématicien

Dans chaque rangée, entoure le nombre d'éléments qui correspond au chiffre de gauche.

4 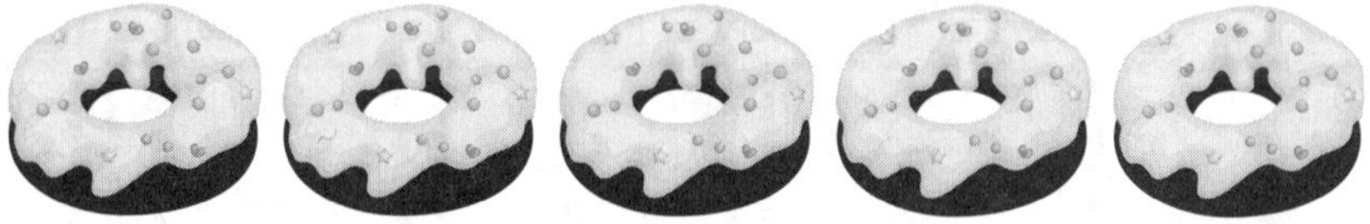

3 

1 

La suite

Observe bien la suite ci-dessous. Complète la rangée en encerclant le dessin manquant.

Jeu 230

L'identique

Associe les dessins qui sont identiques.

a

b

c

d

1

2

3

4

La calculatrice

Écris le nombre d'éléments dans chaque case.

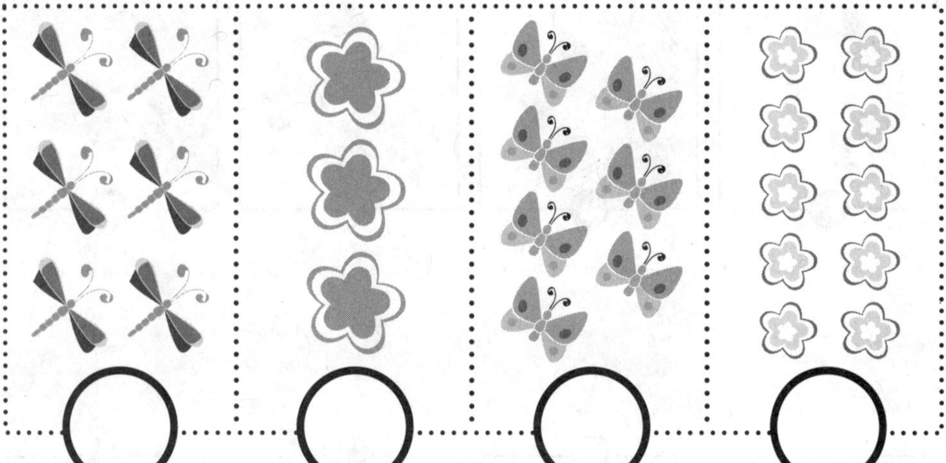

1 2 3 4 5 6 7 8 9 10

Le voyageur

Aide l'abeille à retrouver la ruche.
Suis les alvéoles et trace le chemin.
Tu peux te déplacer de façon horizontale, verticale ou en diagonale.

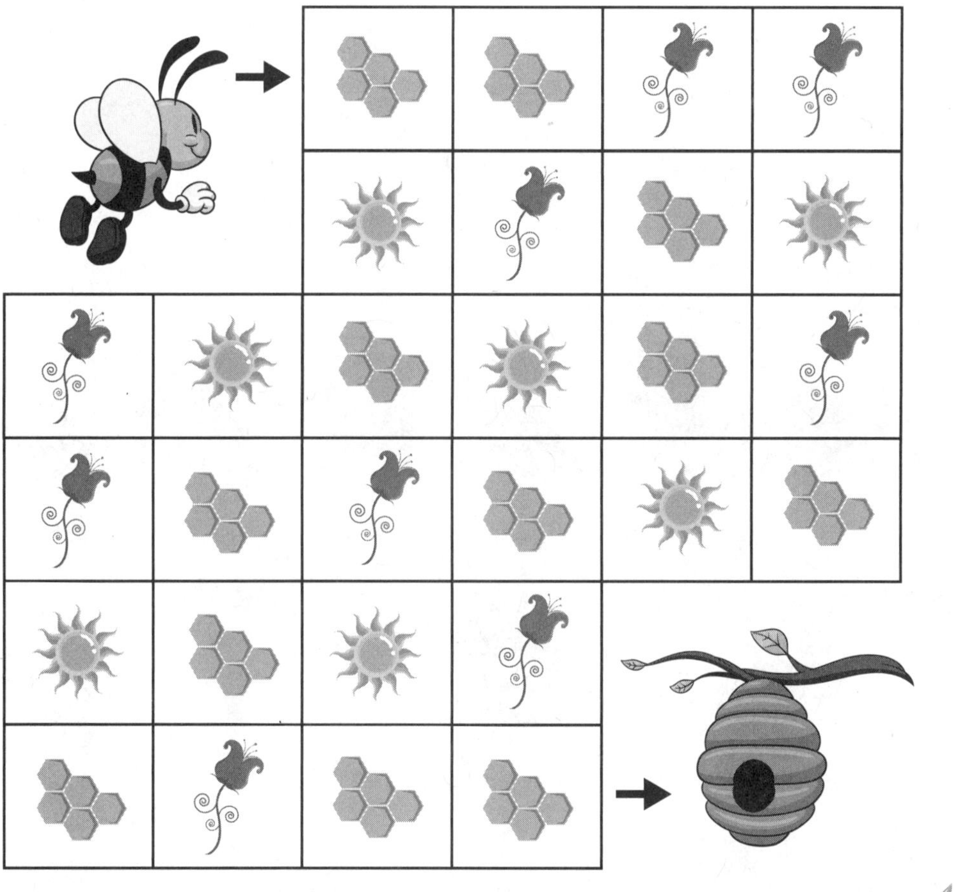

Les doigts de la main

Entoure la main quand il y a
5 éléments dans la même rangée.

L'écrivain

Passe avec ton crayon sur les pointillés. Exerce-toi ensuite sans pointillés.

S

s s s

S S

T

t t t

T T

Le petit train

Entoure la lettre qui est écrite sur la locomotive dans chacun des mots du train.

émoticônes

Entoure quand le personnage est triste. Entoure quand le personnage est joyeux.

Le chercheur

Trouve les éléments de gauche dans le décor.

L'artiste

Retrace le dessin de gauche à droite de la fleur.

Dans tous les sens

Entoure un des deux objets identiques.
Si tu regardes la flèche qui se trouve
en dessous, tu trouveras quel objet tu dois entourer.

BAS GAUCHE

De point en point

Relie chaque point dans l'ordre pour terminer le dessin. Quand tu as terminé, mets de la couleur.

Les jumeaux

Encercle les deux images qui sont identiques.

A

B

C

D

SYMÉTRIE

Complète l'image.

Le casse-tête

Trouve la partie manquante de l'image.

A

B

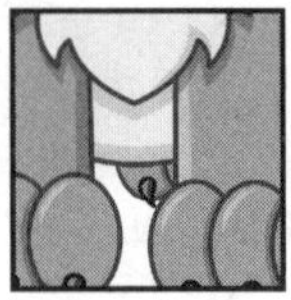

C

D

Dessin à colorier

Amuse-toi et mets de la couleur.

Jeu 245

Les associations

Trouve et relie les éléments qui ne sont plus là au printemps.

Bonhomme de neige

Escargot

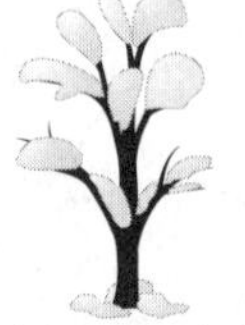

Arbre enneigé

Fraise

Ours polaire

Les silhouettes

Relie chaque image à sa silhouette.

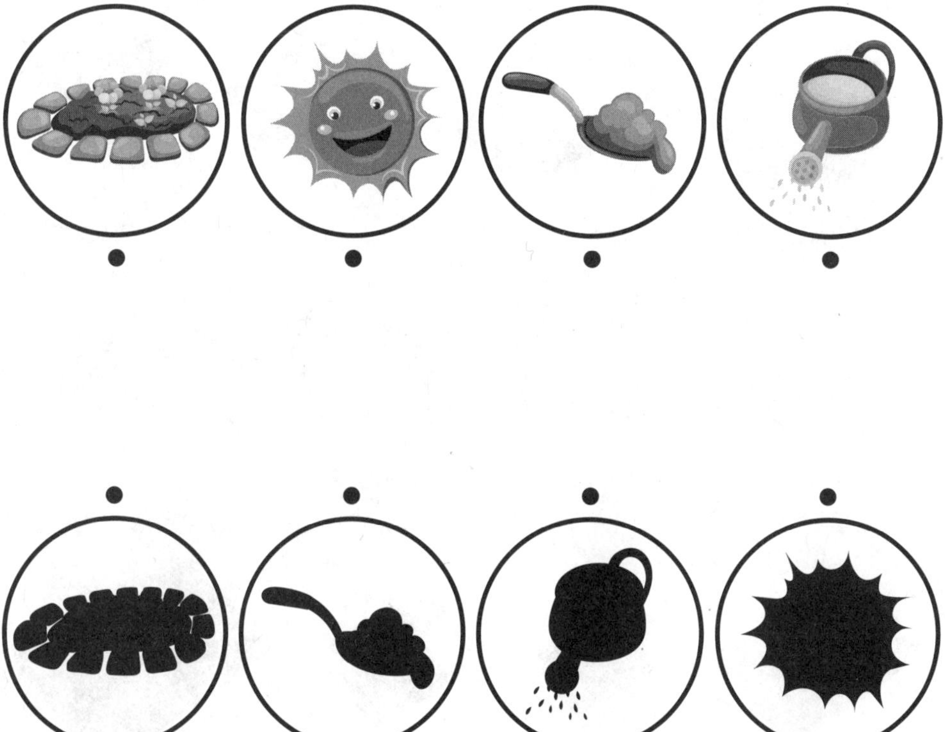

Le mouton noir

Entoure dans chaque rangée le plus grand dessin.

Jeu 248

L'aventurier

Aide le bouc et trace le chemin qui mène jusqu'à l' écureuil.

Les 4 eRReURS

Regarde bien ces deux images.
Trouve les quatre différences
et entoure-les.

Jeu
250

Le labyrinthe

Aide Mimi le chat à se rendre jusqu'à la cantine.

Qui suis-je ?

Devine à quel insecte appartient l'ombre.

Le mathématicien

Dans chaque rangée,
entoure le nombre d'éléments qui
correspond au chiffre de gauche.

5 

3 

2 

La suite

Observe bien la suite ci-dessous. Complète la rangée en encerclant le dessin manquant.

L'identique

Associe les dessins
qui sont identiques.

La calculatrice

Écris le nombre d'éléments dans chaque case.

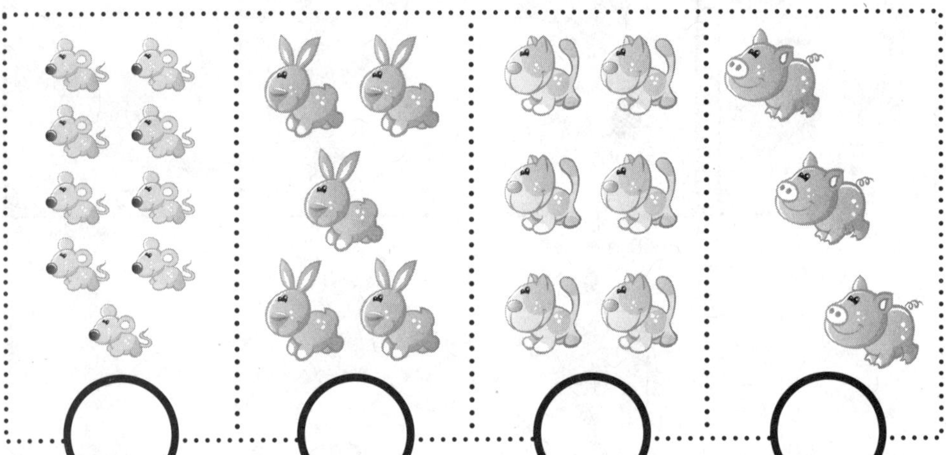

1 2 3 4 5 6 7 8 9 10

Le voyageur

Aide le lapin à retrouver son panier.
Suis les œufs et trace le chemin.
Tu peux te déplacer de façon horizontale, verticale ou en diagonale.

Les doigts de la main

Entoure la main quand il y a
5 éléments dans la même rangée.

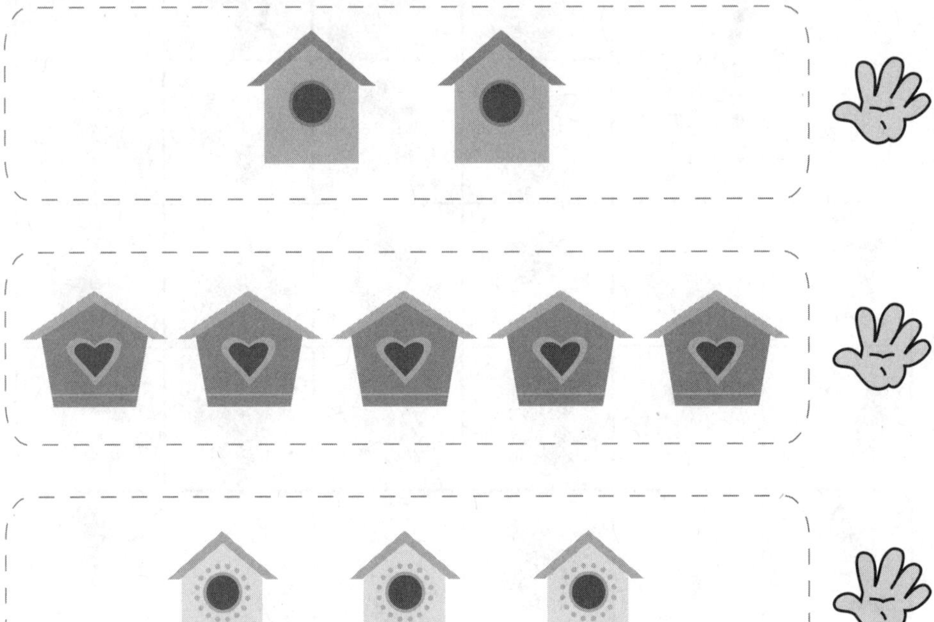

L'écrivain

Passe avec ton crayon sur les pointillés. Exerce-toi ensuite sans pointillés.

u

v

Le petit train

Entoure la lettre qui est écrite sur la locomotive dans chacun des mots du train.

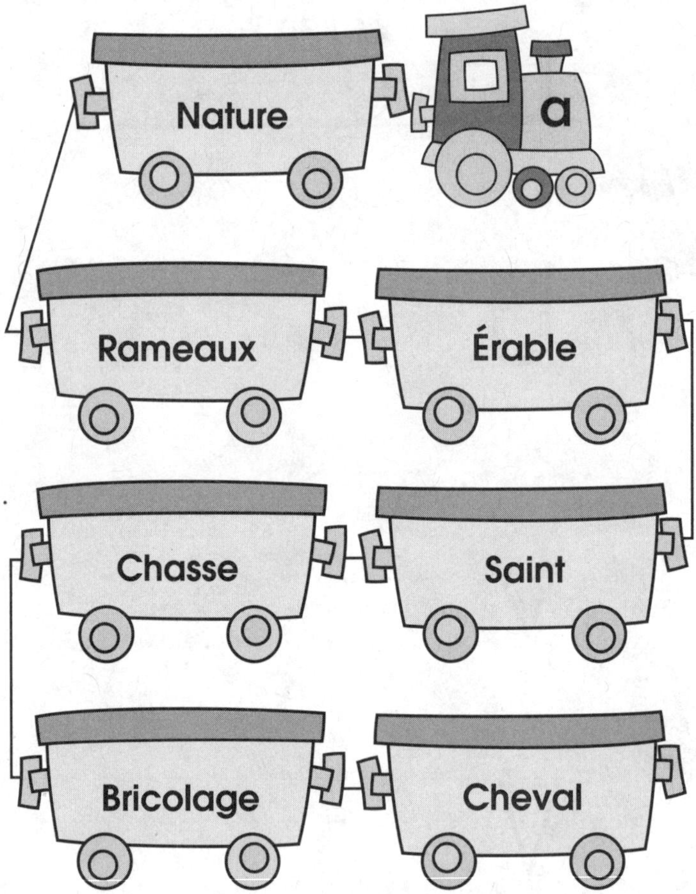

émoticônes

Entoure quand le personnage est triste. Entoure quand le personnage est joyeux.

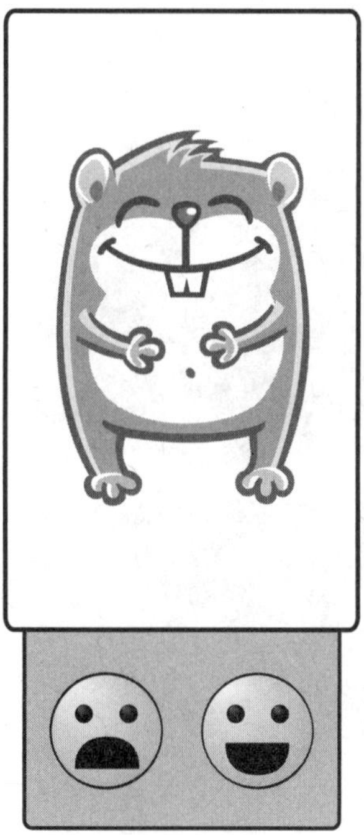

Le chercheur

Trouve les éléments
de gauche dans le décor.

L'artiste

Retrace le dessin de gauche
à droite de la fleur.

Dans tous les sens

Entoure un des deux objets identiques.
Si tu regardes la flèche qui se trouve en dessous, tu trouveras quel objet tu dois entourer.

GAUCHE

Jeu 264

De point en point

Relie chaque point dans l'ordre pour terminer le dessin. Quand tu as terminé, mets de la couleur.

Les jumeaux

Encercle les deux images qui sont identiques.

A

B

C

D

SYMÉTRIE

Complète l'image.

Le casse-tête

Trouve la partie manquante de l'image.

A

B

C

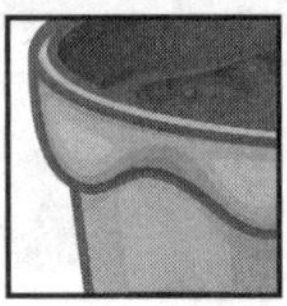

D

Dessin à colorier

Amuse-toi et mets de la couleur.

Jeu 269

Les associations

Trouve et relie ce qui butine les fleurs.

Cerises

Colibri

Abeille

Papillon

Mouton

Jeu 270

Les silhouettes

Relie chaque image à sa silhouette.

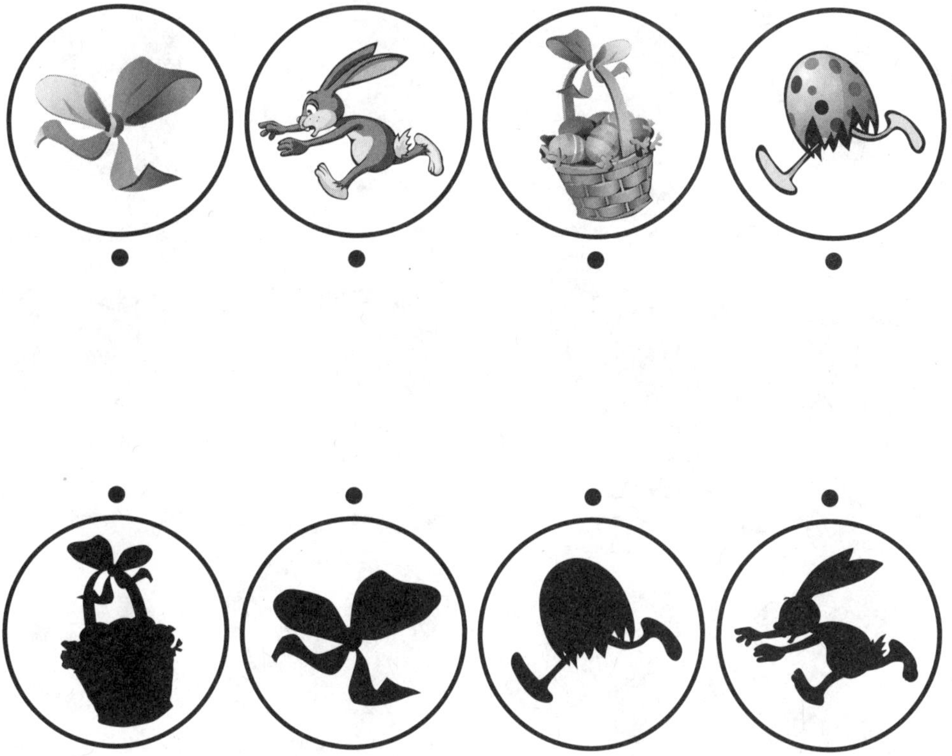

Le mouton noir

Entoure dans chaque rangée le plus grand dessin.

L'aventurier

Aide le chat et trace le chemin qui mène jusqu'à son adversaire.

Les 4 erreurs

Regarde bien ces deux images.
Trouve les quatre différences
et entoure-les.

Le labyrinthe

Aide la lapine à se rendre jusqu'à son copain.

Qui suis-je ?

Devine à quel mammifère appartient l'ombre.

Le mathématicien

Dans chaque rangée,
entoure le nombre d'éléments qui
correspond au chiffre de gauche.

3

2

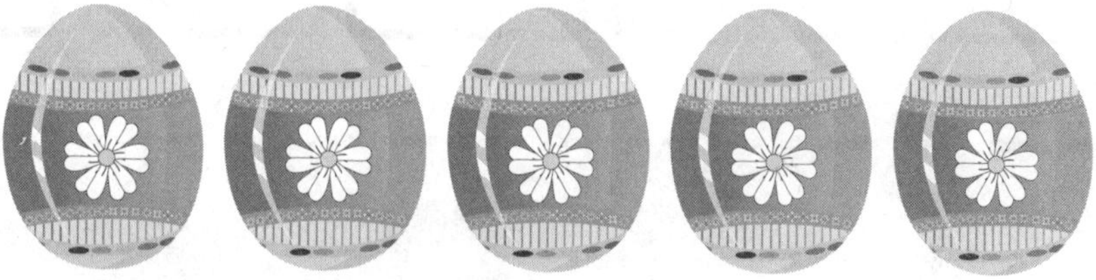

1

La suite

Observe bien la suite ci-dessous. Complète la rangée en encerclant le dessin manquant.

L'identique

Associe les dessins
qui sont identiques.

La calculatrice

Écris le nombre d'éléments dans chaque case.

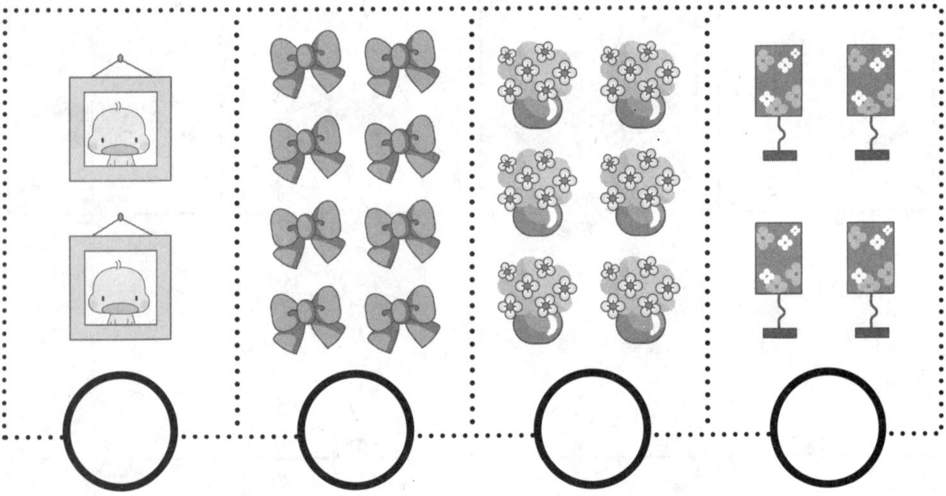

1 2 3 4 5 6 7 8 9 10

Le voyageur

Aide la patineuse à retrouver son ami.
Suis les ballons et trace le chemin.
Tu peux te déplacer de façon
horizontale, verticale ou en diagonale.

Les doigts de la main

Entoure la main quand il y a
5 éléments dans la même rangée.

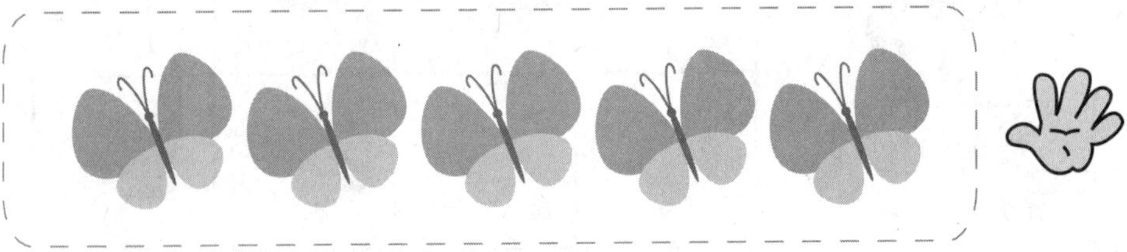

L'écrivain

Passe avec ton crayon
sur les pointillés. Exerce-toi
ensuite sans pointillés.

W

w w w

W W

X

x x x

X X

Le petit train

Entoure la lettre qui est écrite sur la locomotive dans chacun des mots du train.

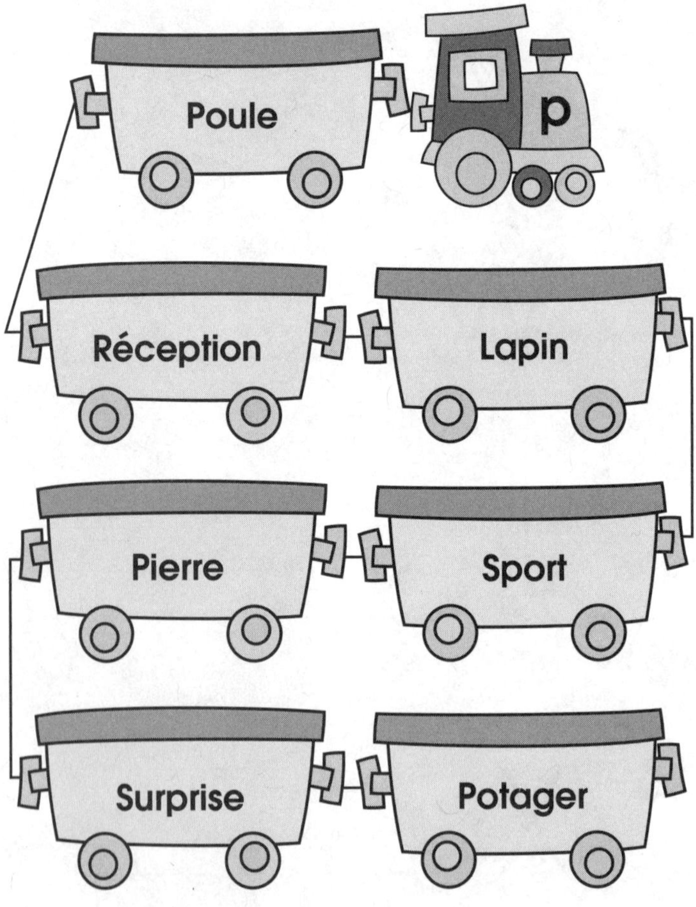

émoticônes

Entoure quand le personnage est triste. Entoure quand le personnage est joyeux.

Le chercheur

Trouve les éléments
de gauche dans le décor.

L'artiste

Retrace le dessin de gauche
à droite de la fleur.

Dans tous les sens

Entoure un des deux objets identiques.
Si tu regardes la flèche qui se trouve
en dessous, tu trouveras quel objet tu dois entourer.

DROITE

De point en point

Relie chaque point dans l'ordre pour terminer le dessin. Quand tu as terminé, mets de la couleur.

Les jumeaux

Encercle les deux images qui sont identiques.

A

B

C

D

SYMÉTRIE

Complète l'image.

Le casse-tête

Trouve la partie manquante de l'image.

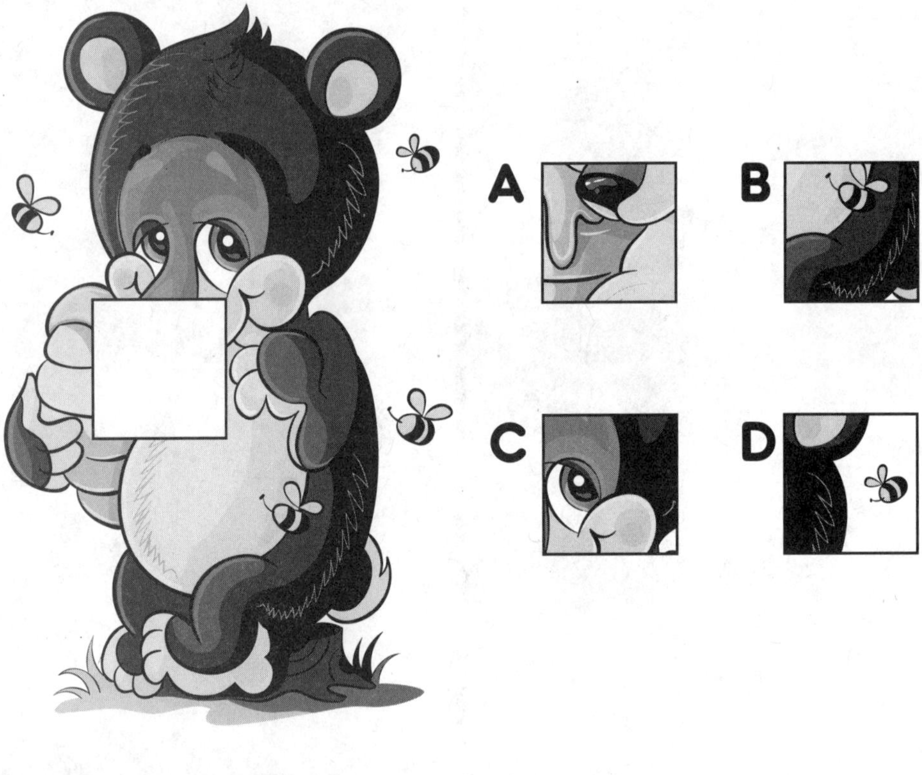

Dessin à colorier

Amuse-toi et mets de la couleur.

Jeu 293

Les associations

Trouve et relie les animaux qui mangent des fruits.

Poussin

Vache

Chauve-souris

Renard

Écureuil

Les silhouettes

Relie chaque image à sa silhouette.

Le mouton noir

Entoure dans chaque rangée le plus grand dessin.

L'aventurier

Aide l'oiseau et trace le chemin qui mène jusqu'au chat.

Les 4 erreurs

Regarde bien ces deux images.
Trouve les quatre différences
et entoure-les.

Le labyrinthe

Aide l'oiseau aventurier à se rendre jusqu'à la falaise.

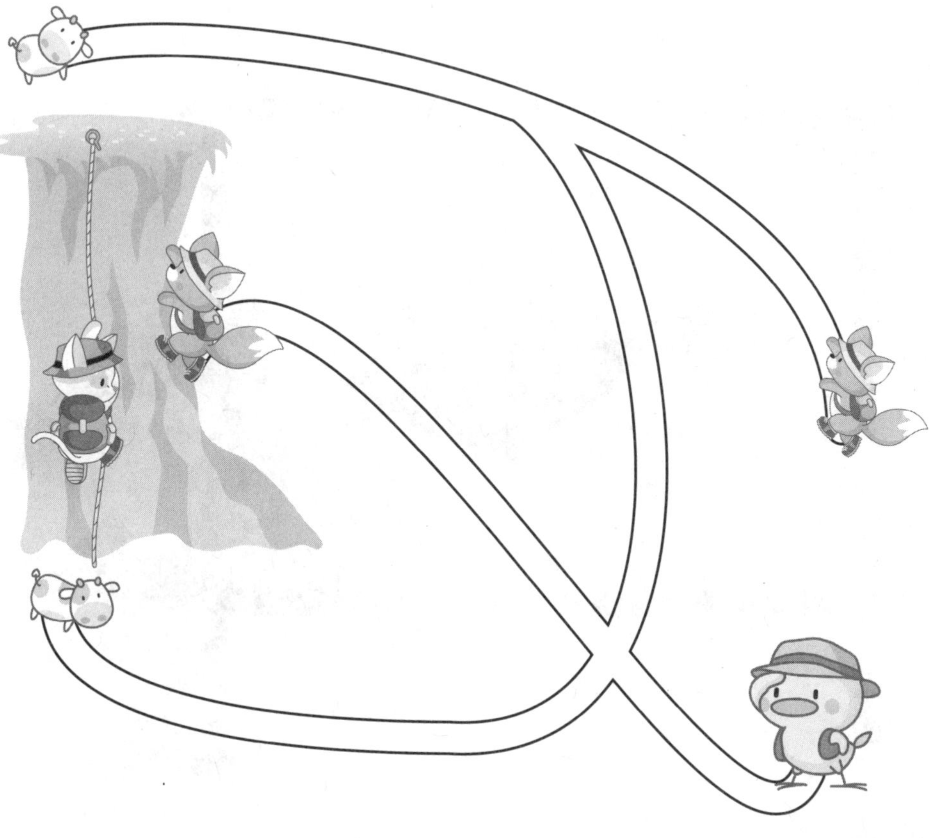

Qui suis-je ?

Devine à quel animal appartient l'ombre.

Jeu 300

Le mathématicien

Dans chaque rangée,
entoure le nombre d'éléments qui
correspond au chiffre de gauche.

1 

5 

3 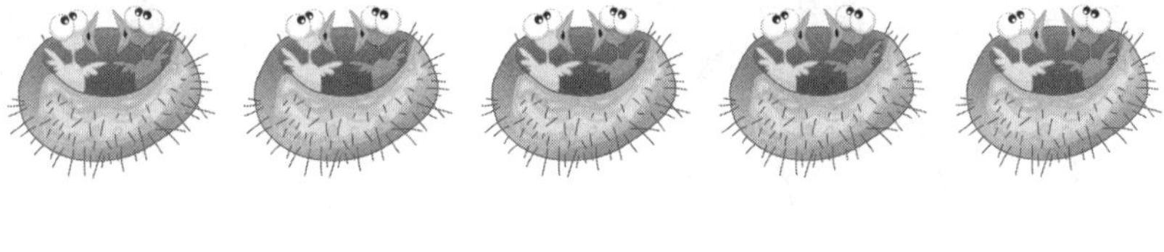

La suite

Observe bien la suite ci-dessous. Complète la rangée en encerclant le dessin manquant.

L'identique

Associe les dessins
qui sont identiques.

La calculatrice

Écris le nombre d'éléments dans chaque case.

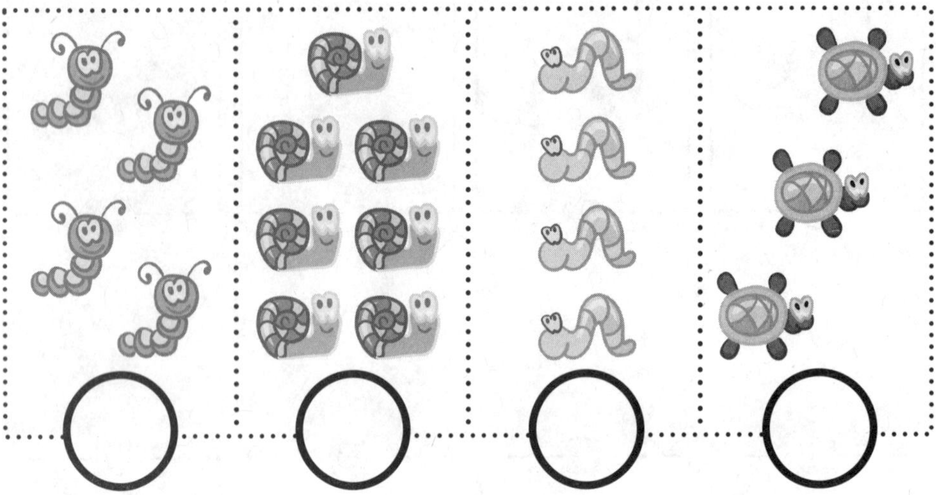

1 2 3 4 5 6 7 8 9 10

Le voyageur

Aide le bébé à retrouver son biberon.
Suis les canards et trace le chemin.
Tu peux te déplacer de façon horizontale, verticale ou en diagonale.

Les doigts de la main

Entoure la main quand il y a
5 éléments dans la même rangée.

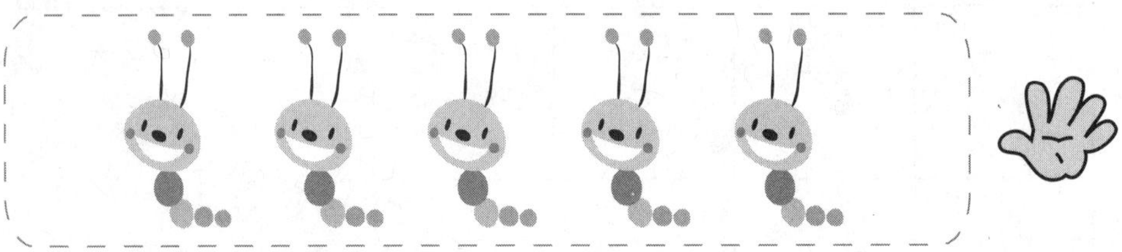

L'écrivain

Passe avec ton crayon sur les pointillés. Exerce-toi ensuite sans pointillés.

y y y

Y Y

z z z

Z Z

Le petit train

Entoure la lettre qui est écrite sur la locomotive dans chacun des mots du train.

émoticônes

Entoure quand le personnage est triste. Entoure quand le personnage est joyeux.

Le chercheur

Trouve les éléments
de gauche dans le décor.

L'artiste

Retrace le dessin de gauche à droite de la fleur.

Dans tous les sens

Entoure un des deux objets identiques.
Si tu regardes la flèche qui se trouve
en dessous, tu trouveras quel objet tu dois entourer.

GAUCHE

De point en point

Relie chaque point dans l'ordre pour terminer le dessin. Quand tu as terminé, mets de la couleur.

Les jumeaux

Encercle les deux images qui sont identiques.

A

B

C

D

Jeu 314

Complète l'image.

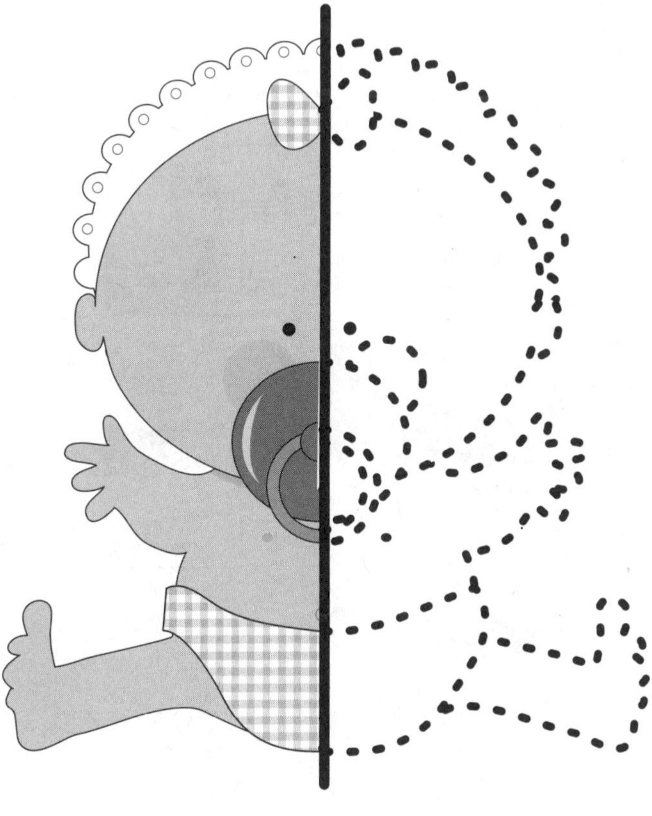

Le casse-tête

Trouve la partie
manquante de l'image.

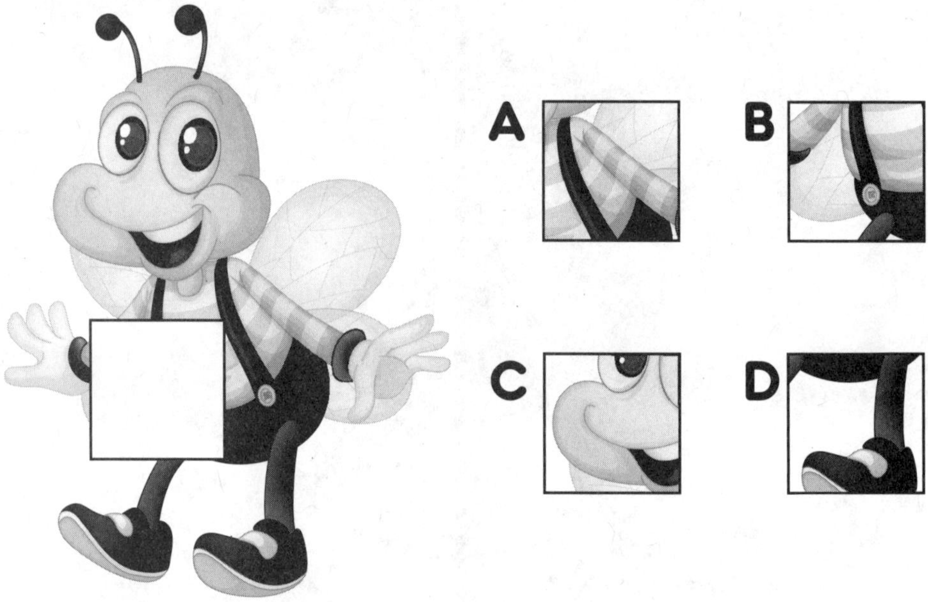

Dessin à colorier

Amuse-toi et mets de la couleur.

Les associations

Trouve et relie
les bébés de la poule.

Araignée

Poussin

Carotte

Œufs

Chaton

Les Silhouettes

Relie chaque image à sa silhouette.

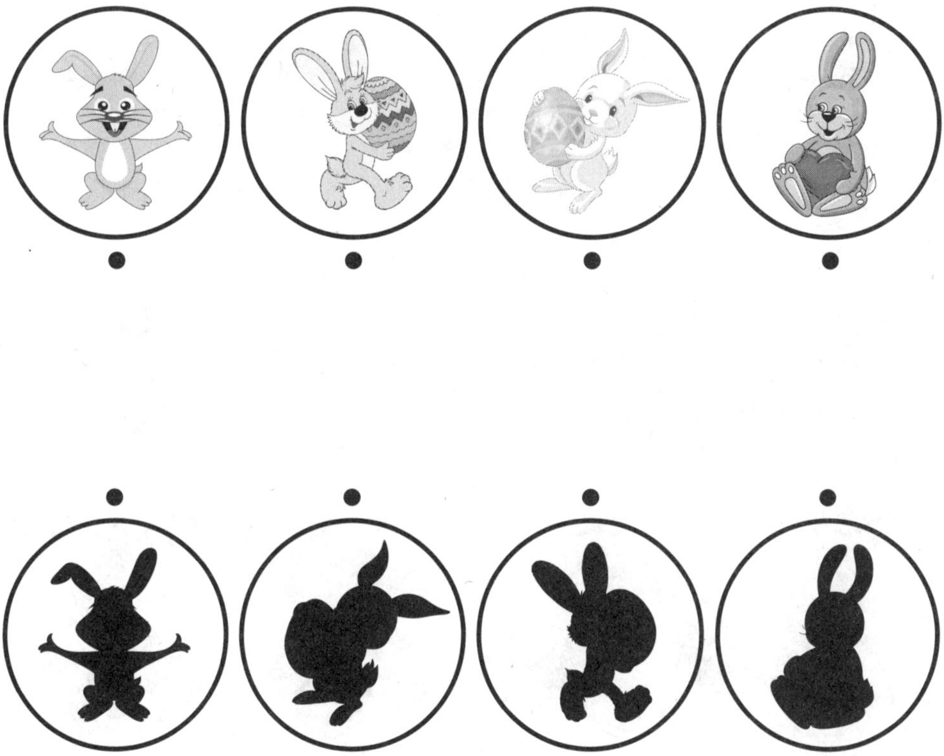

Le mouton noir

Entoure dans chaque rangée le plus grand dessin.

L'aventurier

Aide la chenille et trace le chemin qui mène jusqu'à la feuille.

Les 4 erreurs

Regarde bien ces deux images.
Trouve les quatre différences
et entoure-les.

Le labyrinthe

Aide le garçon à se rendre jusqu'à sa maison.

Qui suis-je ?

Devine à quel mammifère appartient l'ombre.

Le mathématicien

Dans chaque rangée,
entoure le nombre d'éléments qui
correspond au chiffre de gauche.

1 

5 

4 

La suite

Observe bien la suite
ci-dessous. Complète la rangée
en encerclant le dessin manquant.

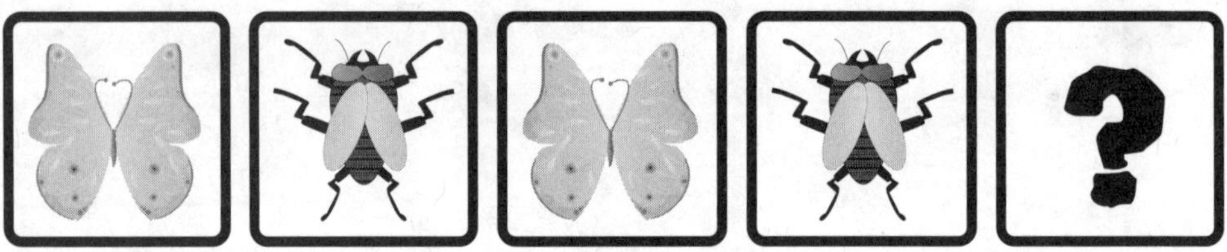

L'identique

Associe les dessins qui sont identiques.

La calculatrice

Écris le nombre d'éléments dans chaque case.

1 2 3 4 5 6 7 8 9 10

Le voyageur

Aide le cuisinier à retrouver le chef.
Suis les cuillères et trace le chemin.
Tu peux te déplacer de façon horizontale, verticale ou en diagonale.

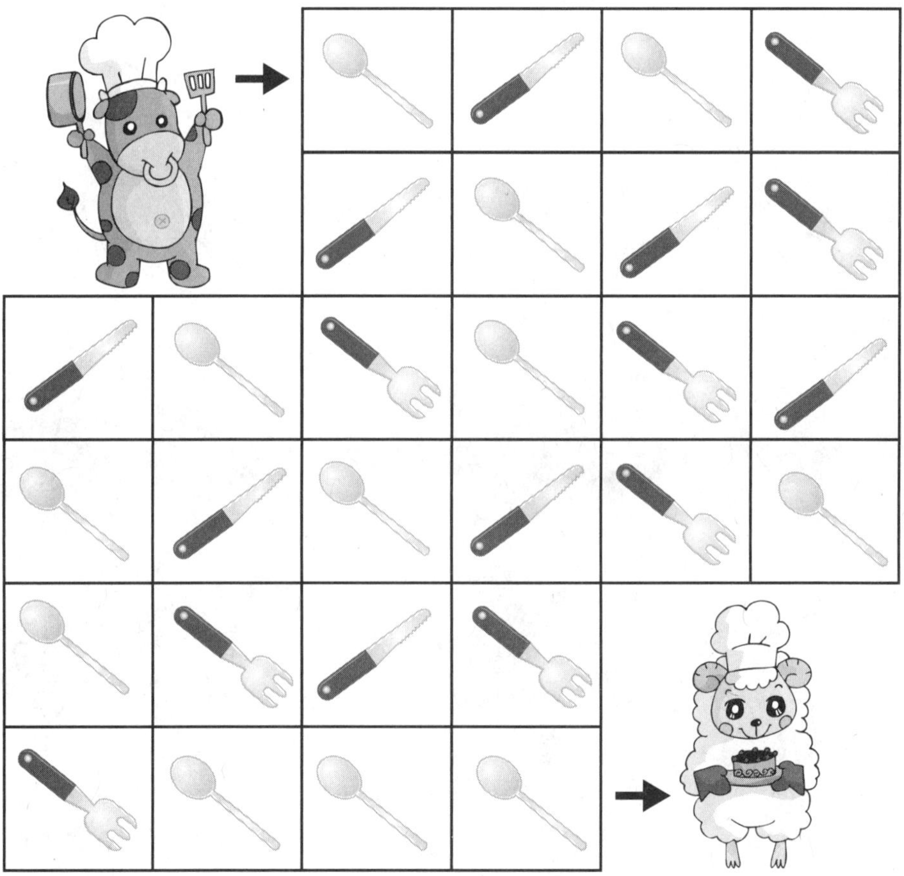

Les doigts de la main

Entoure la main quand il y a 5 éléments dans la même rangée.

Jeu 330

L'écrivain

Passe avec ton crayon sur les pointillés. Exerce-toi ensuite sans pointillés.

1

2

3

Le petit train

Entoure la lettre qui est écrite sur la locomotive dans chacun des mots du train.

émoticônes

Entoure ☹ quand le personnage est triste. Entoure ☺ quand le personnage est joyeux.

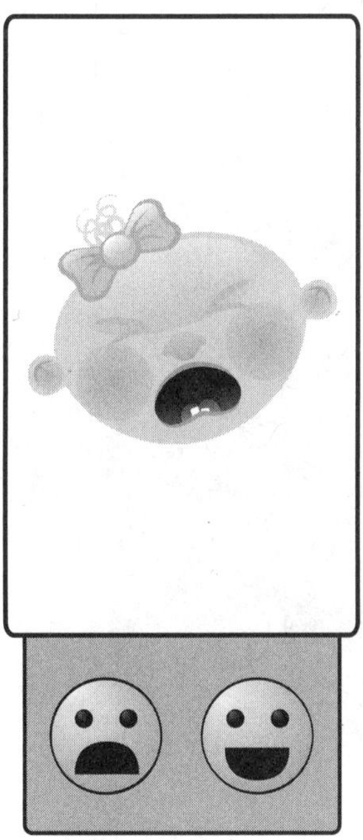

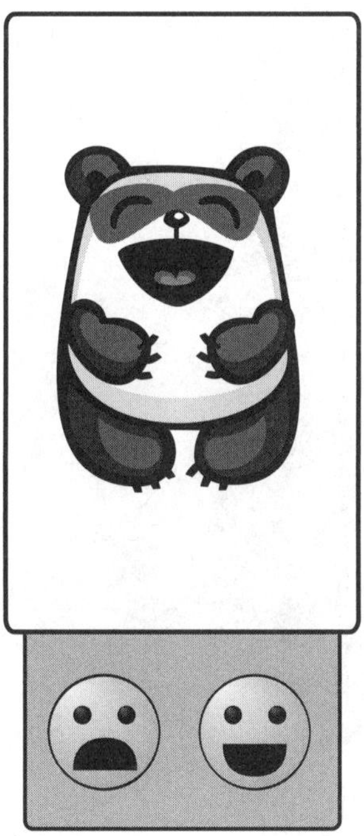

Le chercheur

Trouve les éléments de gauche dans le décor.

Jeu 334

L'artiste

Retrace le dessin de gauche à droite de la fleur.

Dans tous les sens

Entoure un des deux objets identiques.
Si tu regardes la flèche qui se trouve en dessous, tu trouveras quel objet tu dois entourer.

BAS DROITE

De point en point

Relie chaque point dans l'ordre pour terminer le dessin. Quand tu as terminé, mets de la couleur.

Les jumeaux

Encercle les deux images qui sont identiques.

A

B

C

D

SYMÉTRIE

Complète l'image.

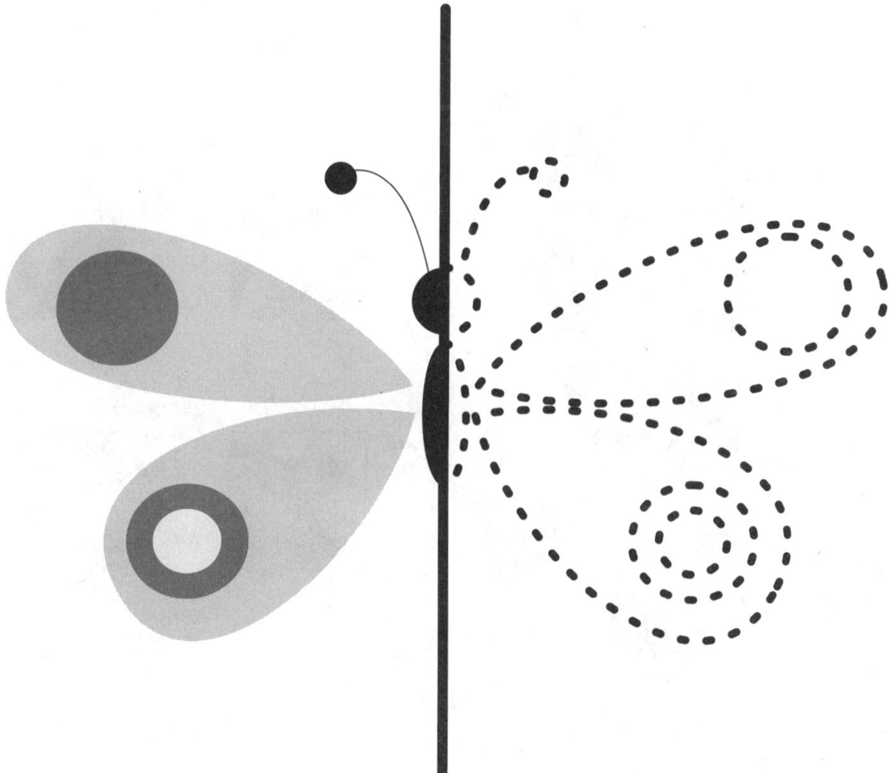

Le casse-tête

Trouve la partie manquante de l'image.

A 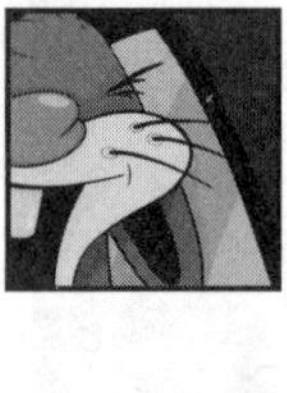 B 

C  D 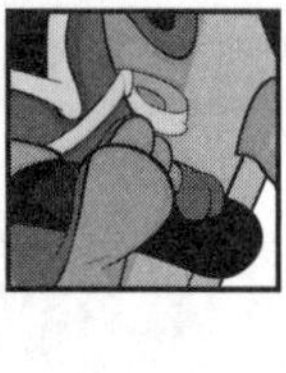

Dessin à colorier

Amuse-toi et mets de la couleur.

Les associations

Trouve et relie les animaux qui vivent dans la forêt.

Cheval

Fleurs

Raton laveur

Ours

Phoque

Les silhouettes

Relie chaque image à sa silhouette.

Le mouton noir

Entoure dans chaque rangée le plus grand dessin.

Jeu 344

L'aventurier

Aide le papillon et trace le chemin qui mène jusqu'à la fleur.

Les 4 eRReuRS

Regarde bien ces deux images.
Trouve les quatre différences
et entoure-les.

Le labyrinthe

Aide Laurie à se rendre jusqu'à sa sœur jumelle.

Jeu 347

Qui suis-je ?

Devine à quel oiseau appartient l'ombre.

Le mathématicien

Dans chaque rangée,
entoure le nombre d'éléments qui
correspond au chiffre de gauche.

5 

4 

3 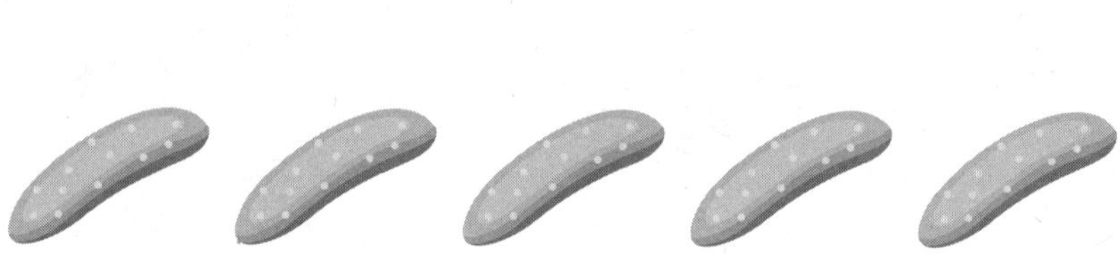

La suite

Observe bien la suite ci-dessous. Complète la rangée en encerclant le dessin manquant.

L'identique

Associe les dessins qui sont identiques.

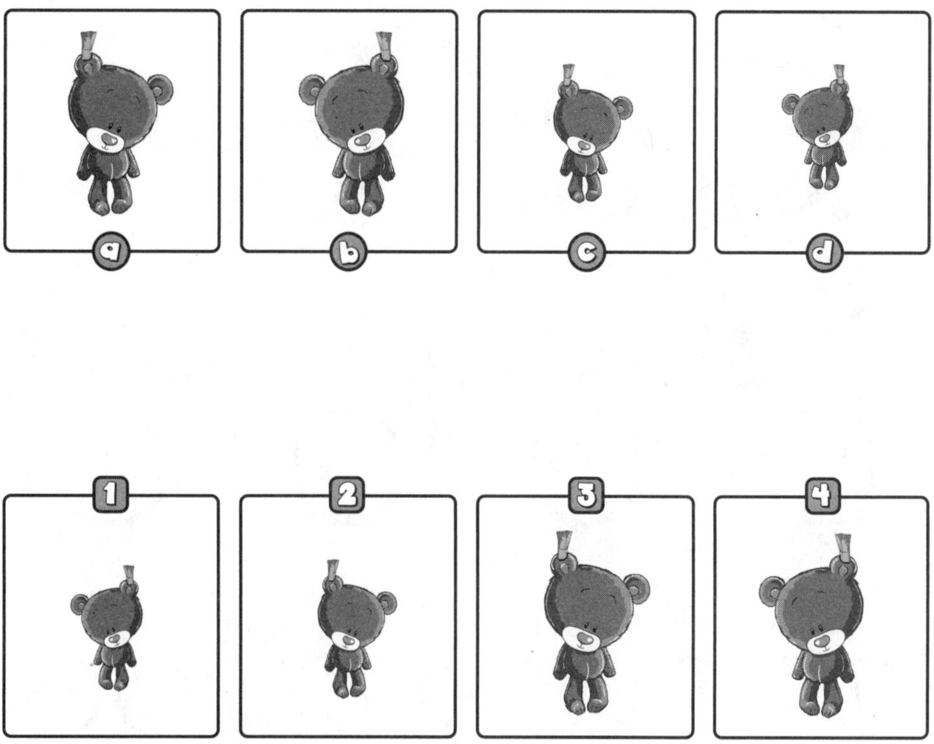

La calculatrice

Écris le nombre d'éléments dans chaque case.

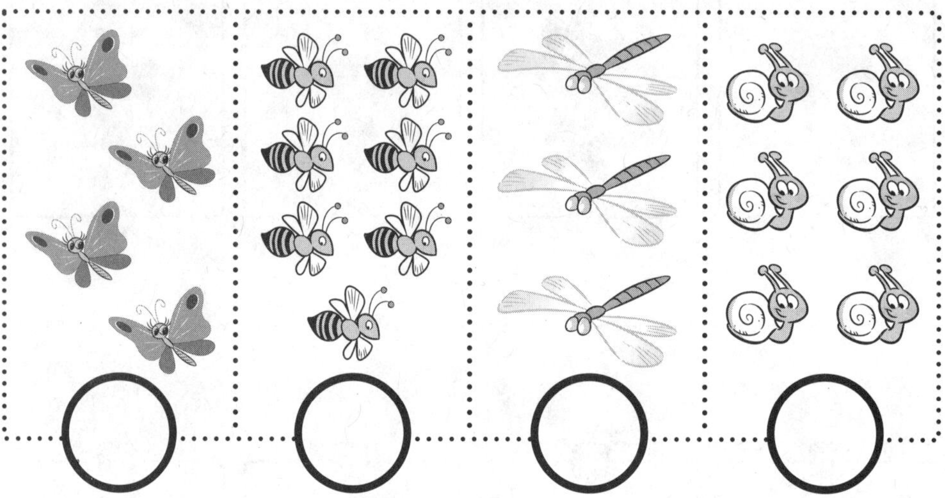

1 2 3 4 5 6 7 8 9 10

Le voyageur

Aide les oiseaux à retrouver leur maison.
Suis les gâteaux et trace le chemin.
Tu peux te déplacer de façon
horizontale, verticale ou en diagonale.

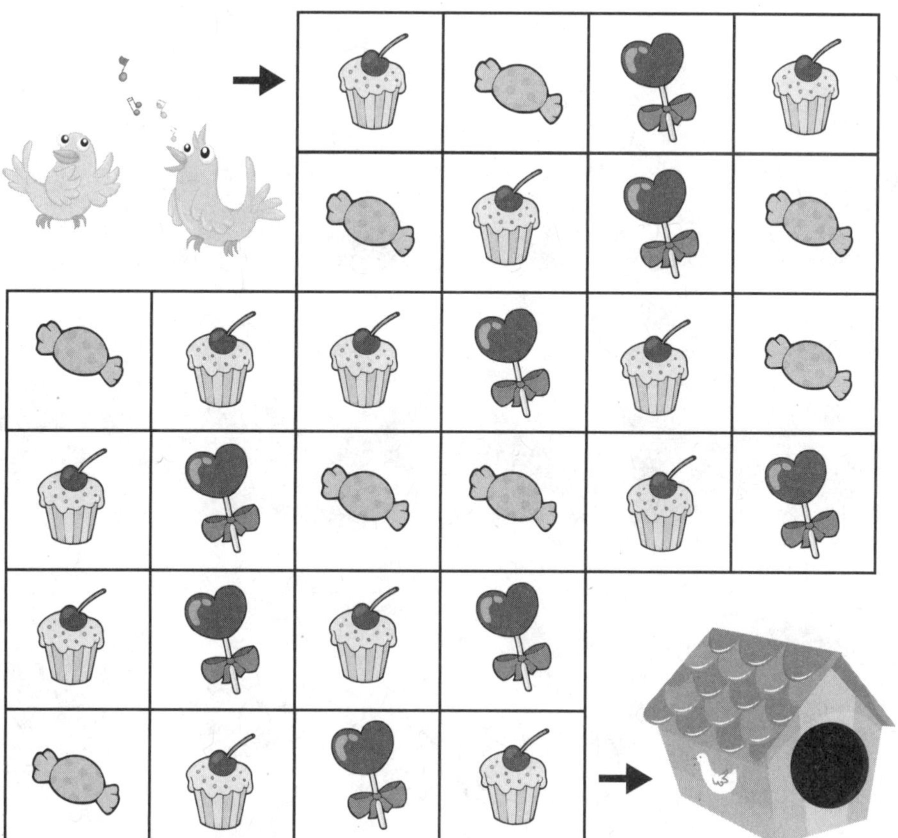

Les doigts de la main

Entoure la main quand il y a
5 éléments dans la même rangée.

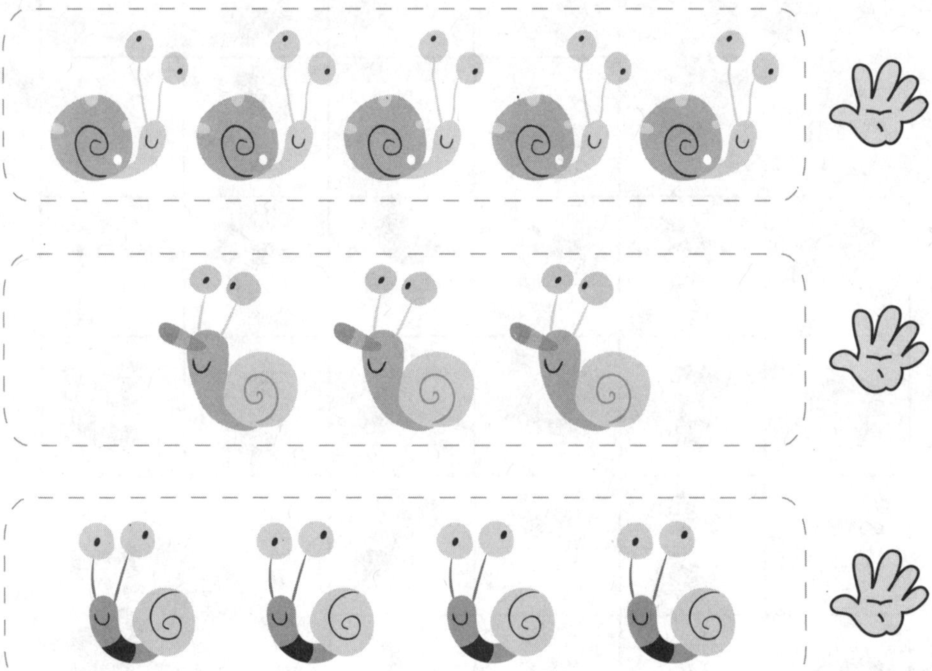

L'écrivain

Passe avec ton crayon
sur les pointillés. Exerce-toi
ensuite sans pointillés.

4   4 4 4

5   5 5 5

6   6 6 6

Le Petit Train

Entoure la lettre qui est écrite sur la locomotive dans chacun des mots du train.

émoticônes

Entoure quand le personnage est triste. Entoure quand le personnage est joyeux.

Le chercheur

Trouve les éléments
de gauche dans le décor.

L'artiste

Retrace le dessin de gauche à droite de la fleur.

Dans tous les sens

Entoure un des deux objets identiques.
Si tu regardes la flèche qui se trouve en dessous, tu trouveras quel objet tu dois entourer.

BAS GAUCHE

De point en point

Relie chaque point dans l'ordre pour terminer le dessin. Quand tu as terminé, mets de la couleur.

Les jumeaux

Encercle les deux images qui sont identiques.

A

B

C

D

SYMÉTRIE

Complète l'image.

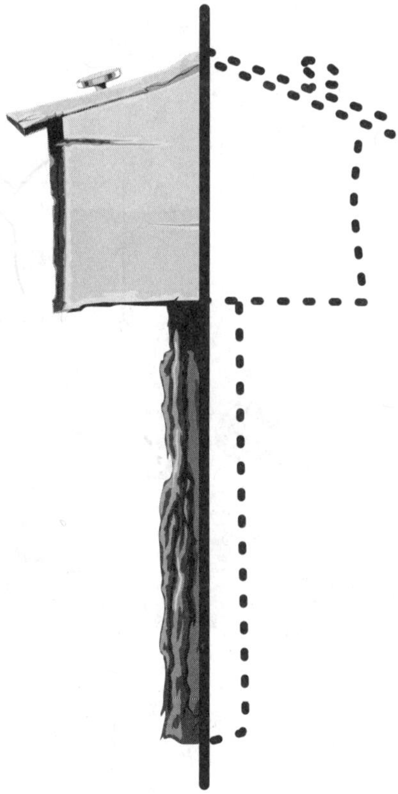

Le casse-tête

Trouve la partie manquante de l'image.

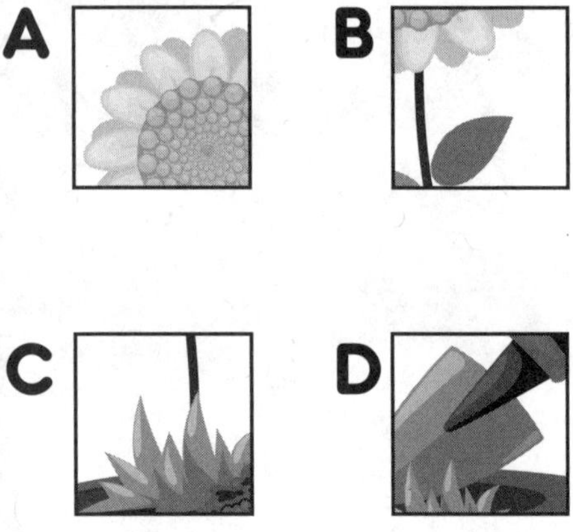

Dessin à colorier

Amuse-toi et mets de la couleur.

SOLUTIONS

SOLUTIONS

2

B et D

4

B

6

7

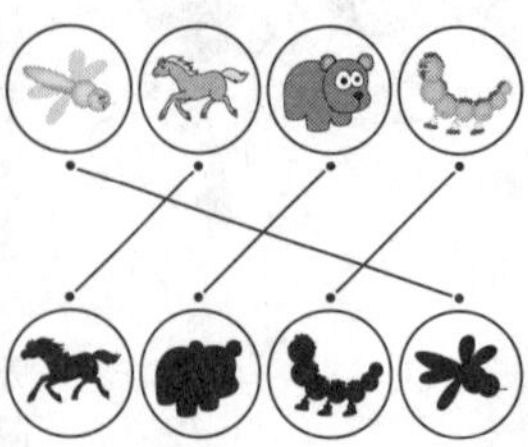

8

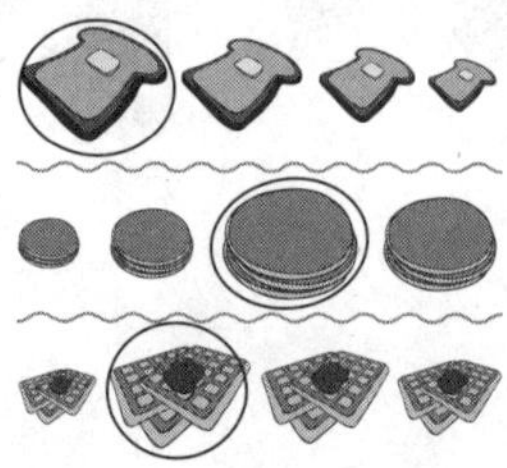

10

11

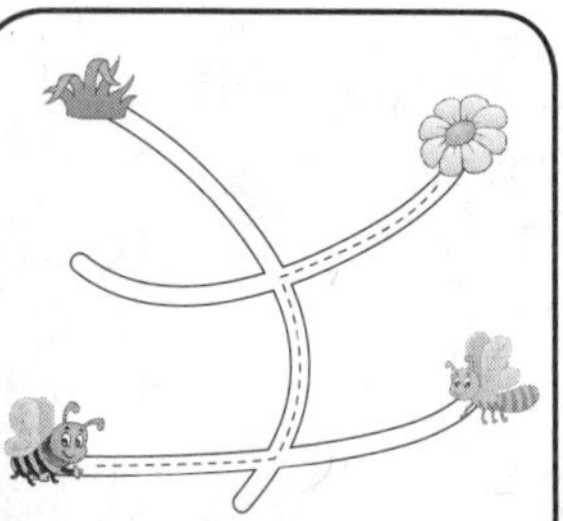

12

13

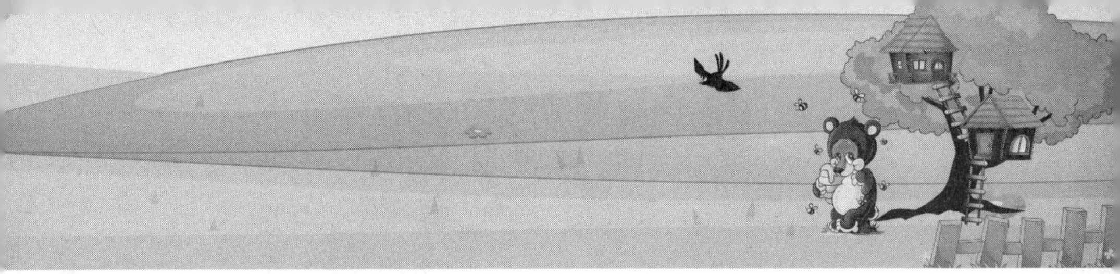

14

15

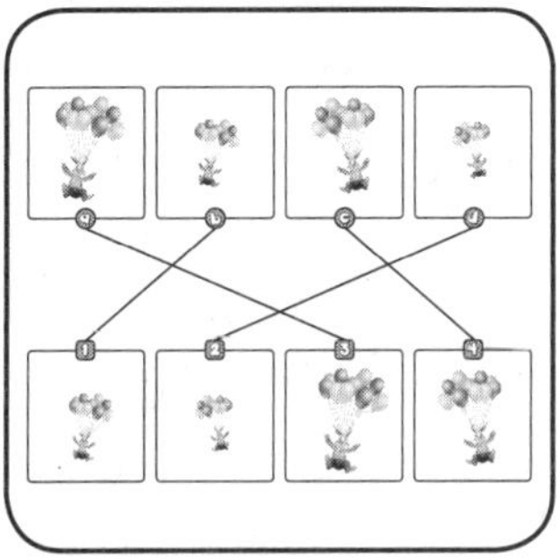

16

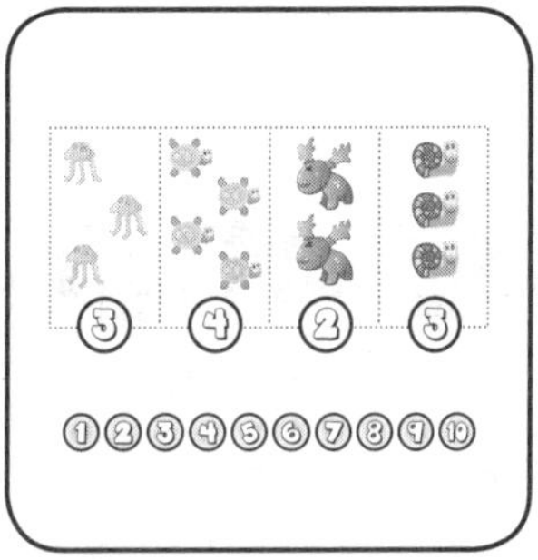

17

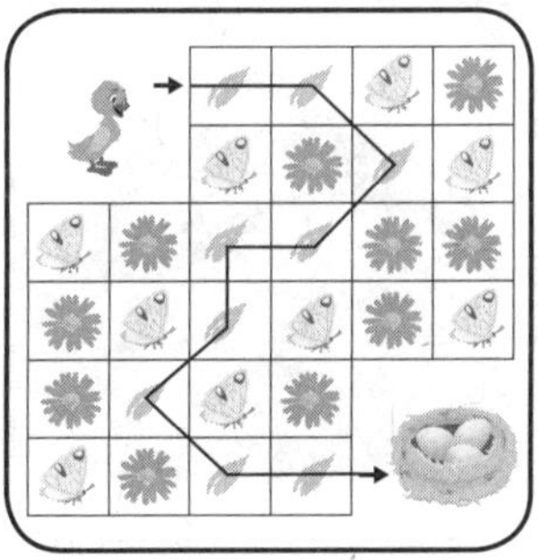

18

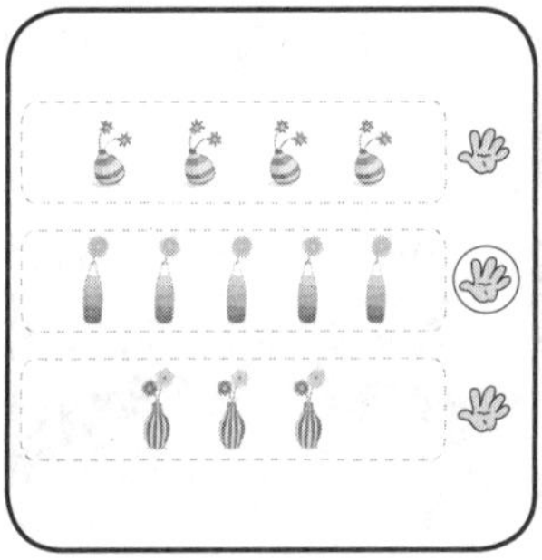

20

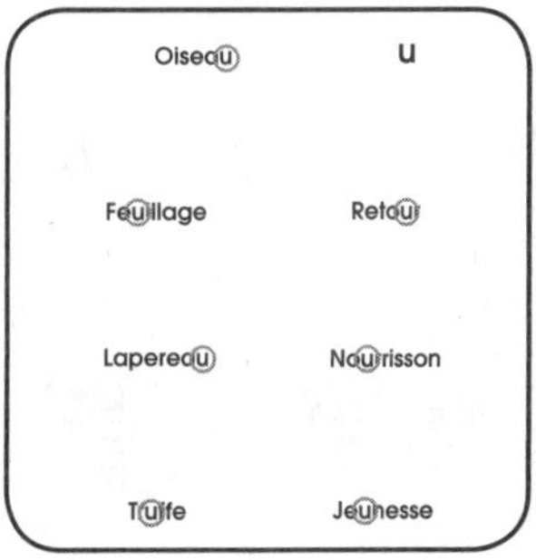

21

22

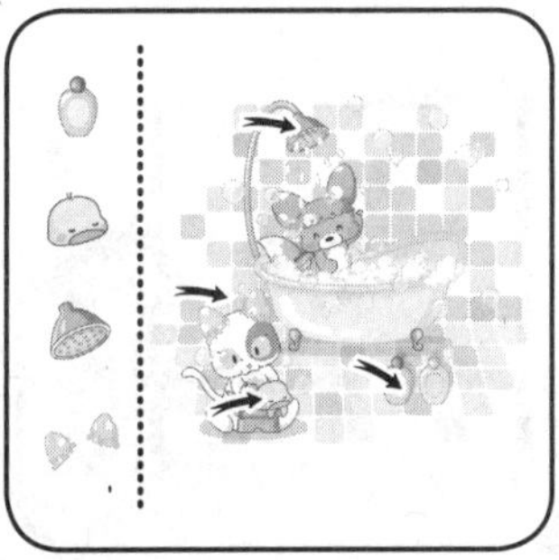

24

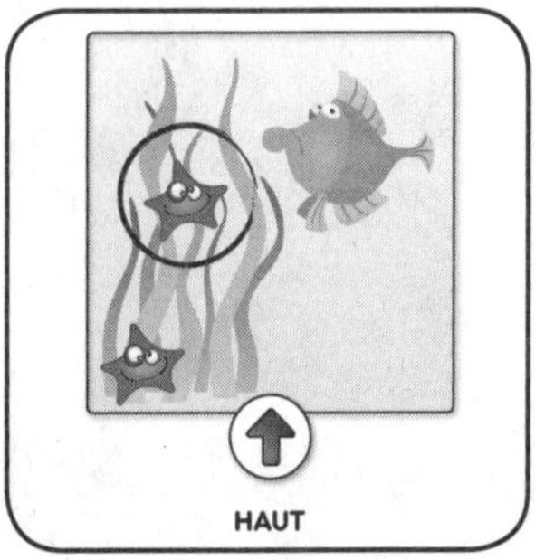

SOLUTIONS

26

C et D

28

A

30

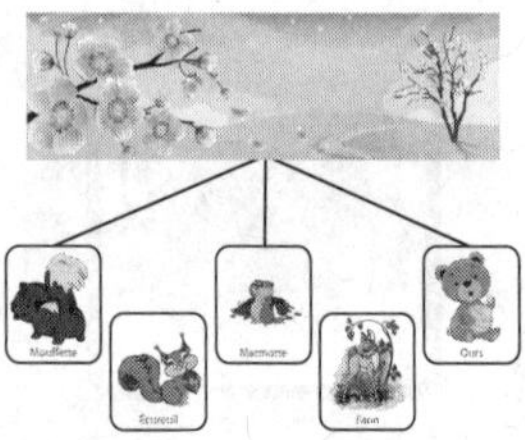

31

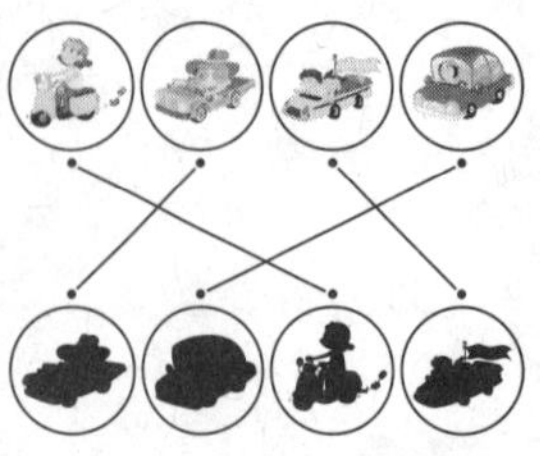

32

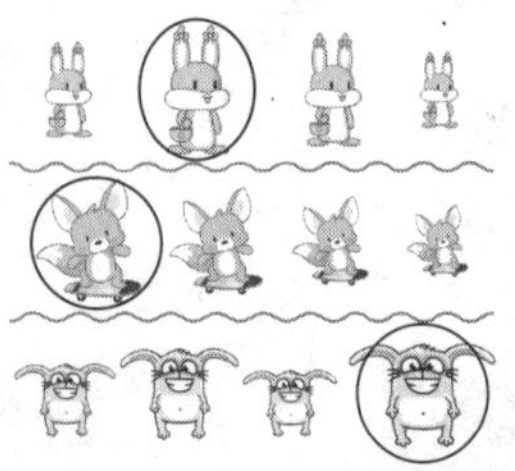

34

35

36

37

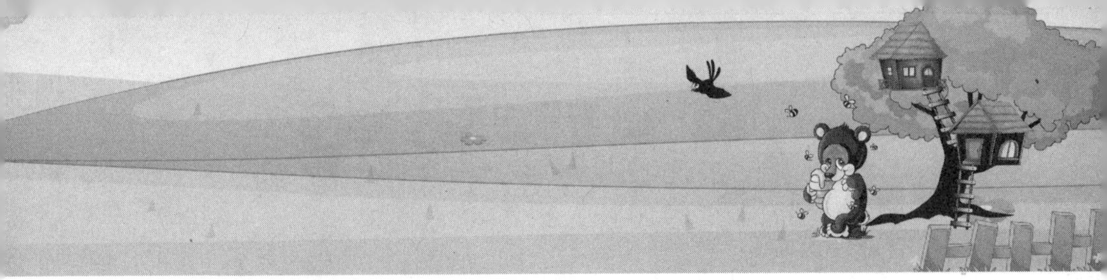

38

39

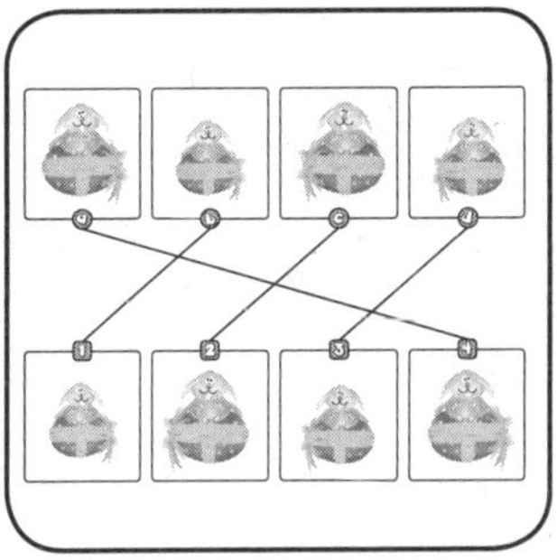

40

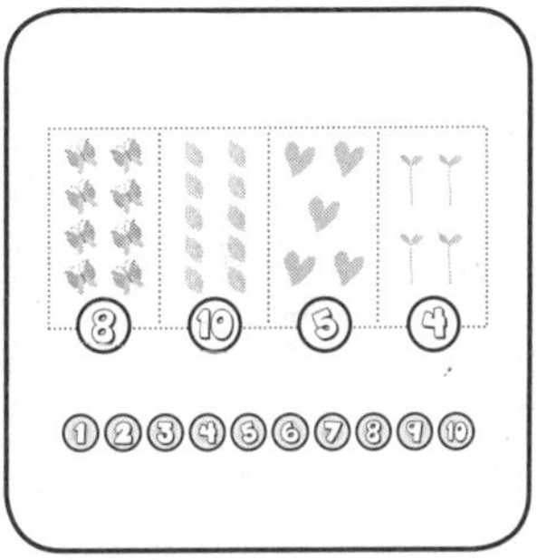

41

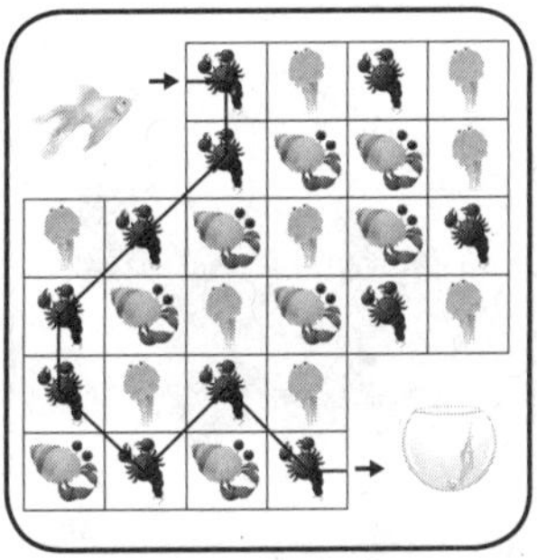

42

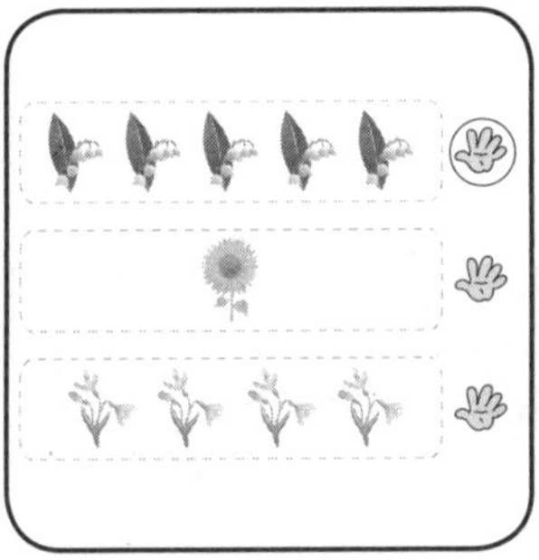

44

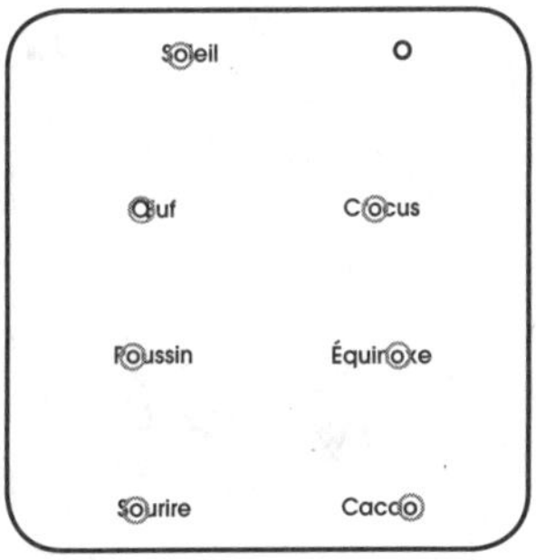

45

46

48

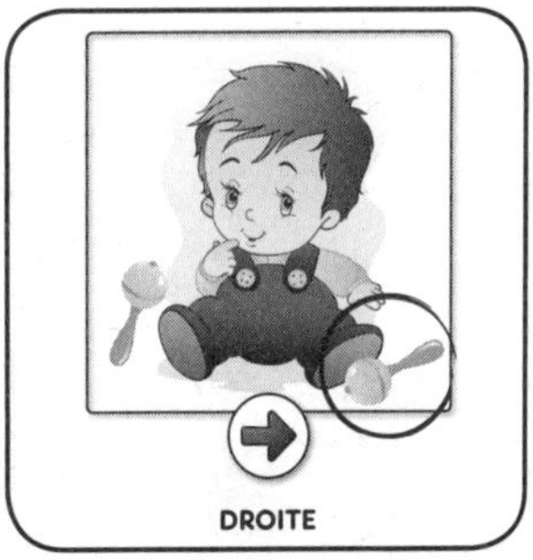

SOLUTIONS

50

A et D

52

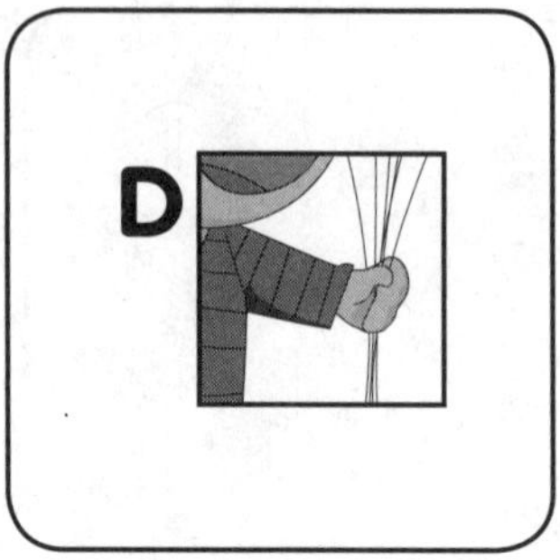

54

55

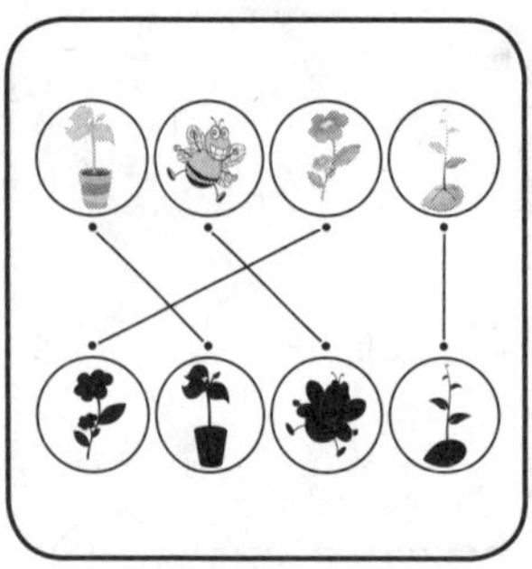

56

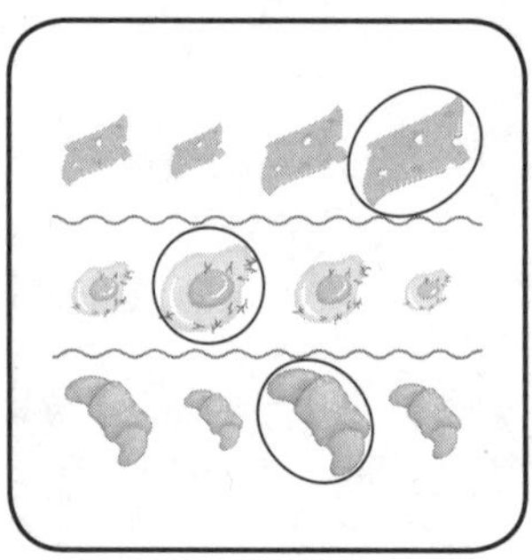

58

59

60

61

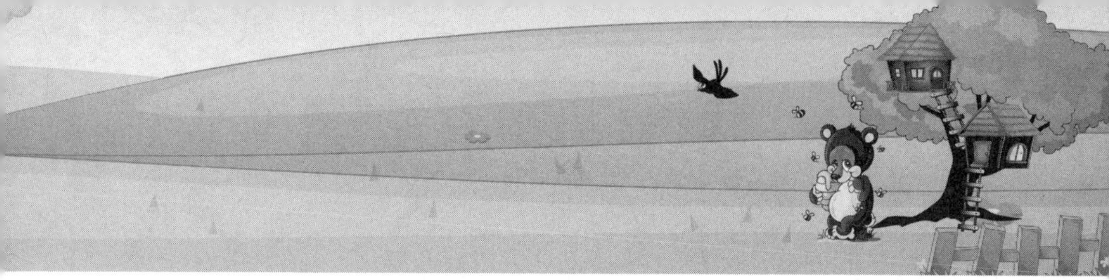

62

63

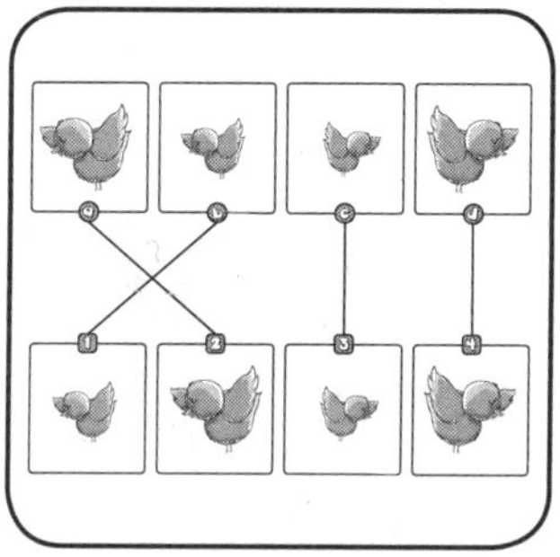

64

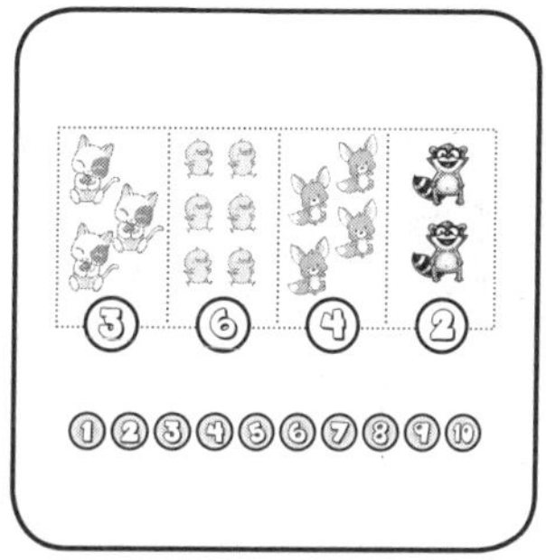

65

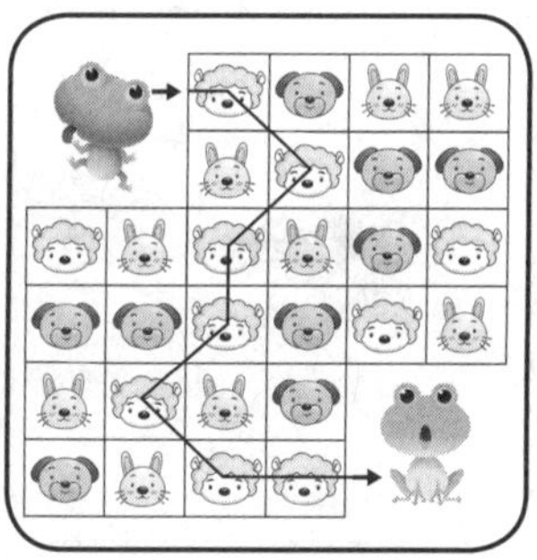

66

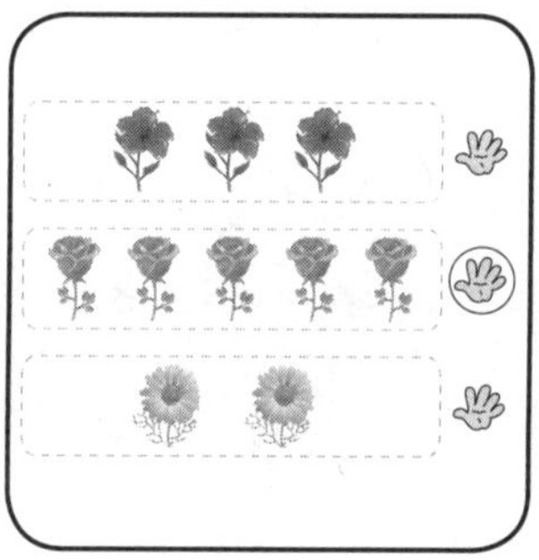

68

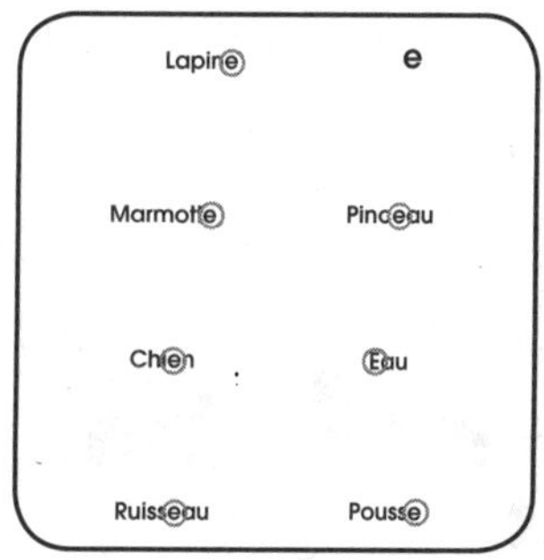

69

70

72

SOLUTIONS

74

B et C

76

78

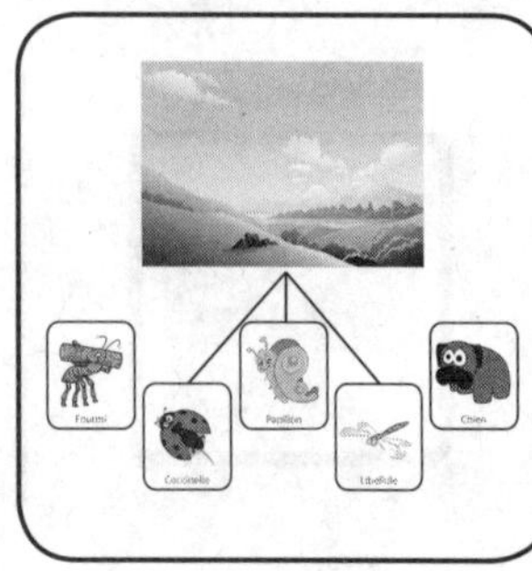

79

80

82

83

84

85

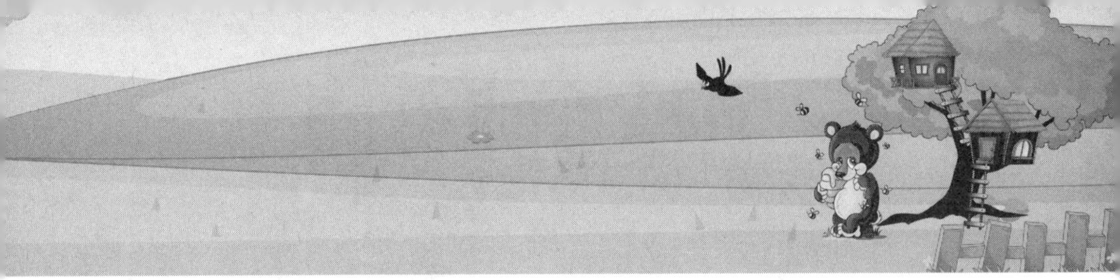

86

87

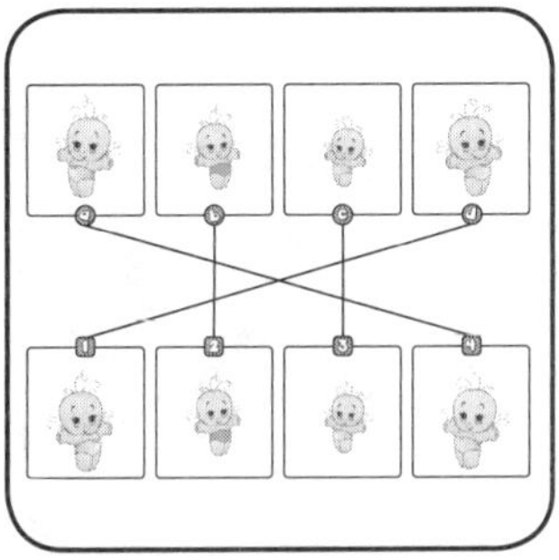

88

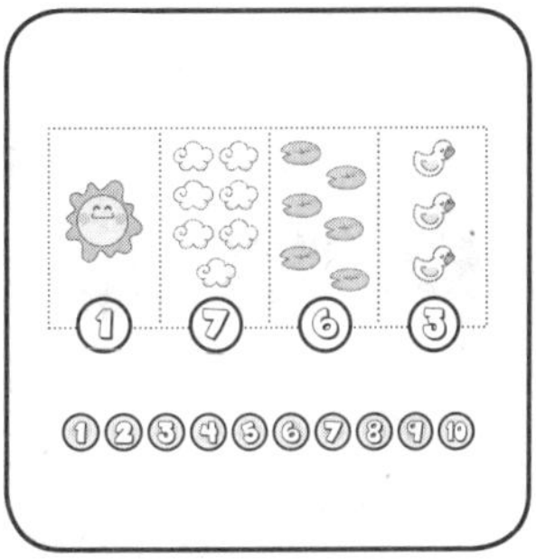

89

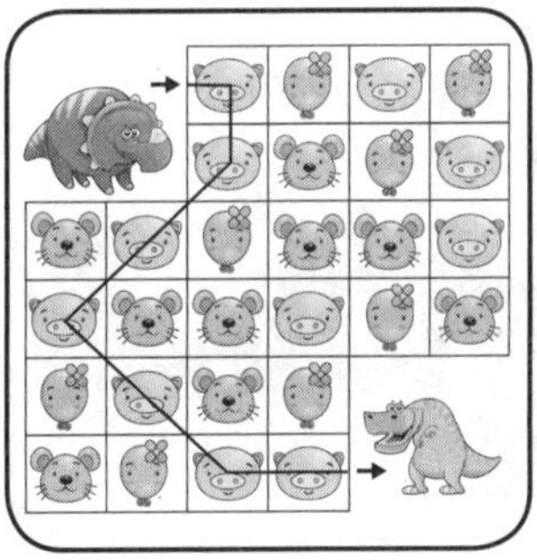

90

92

Tétard d

Odeur Douceur

Friandise Randonnée

Rigolade Cadeau

93

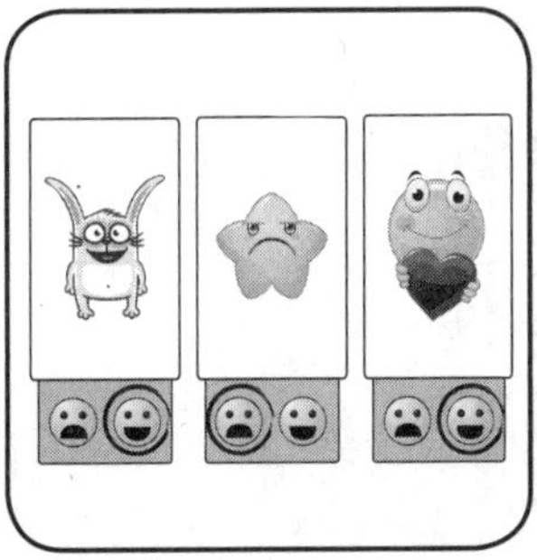

94

96

BAS DROITE

SOLUTIONS

98

A et C

100

102

103

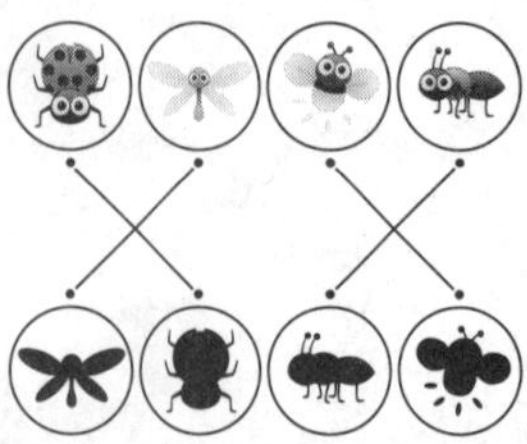

104

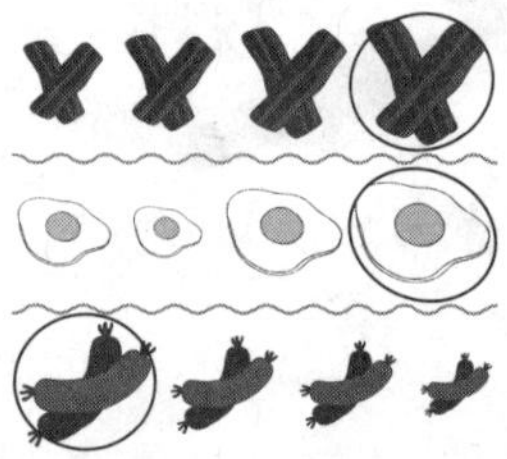

106

107

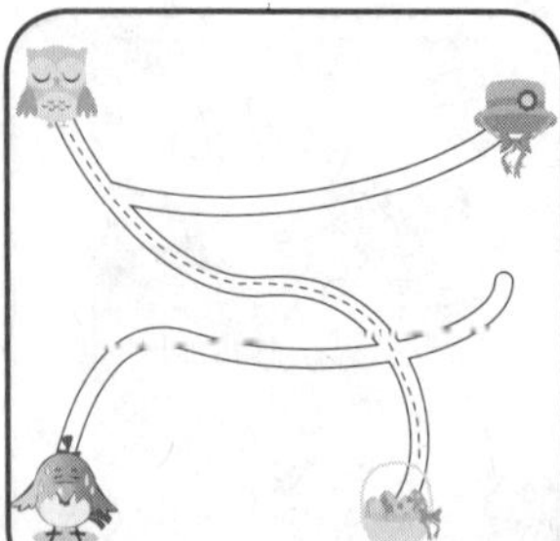

108

109

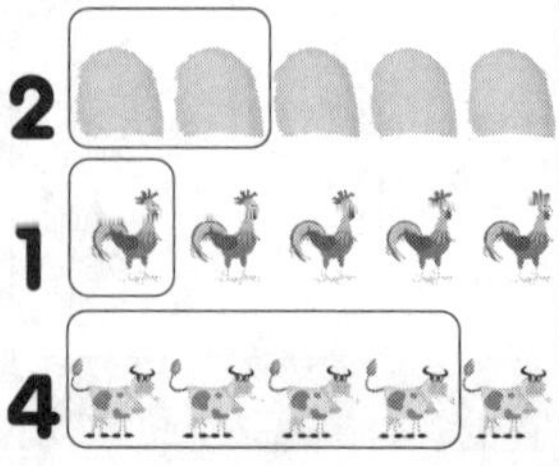

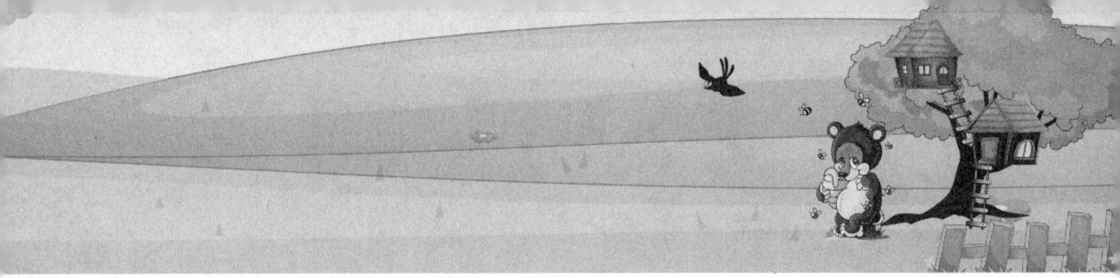

110

111

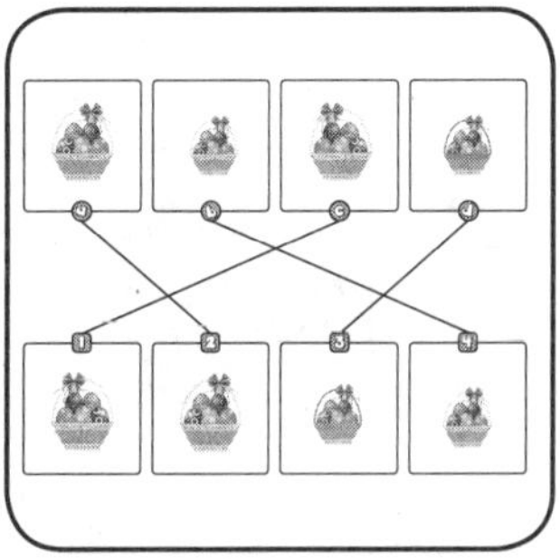

112

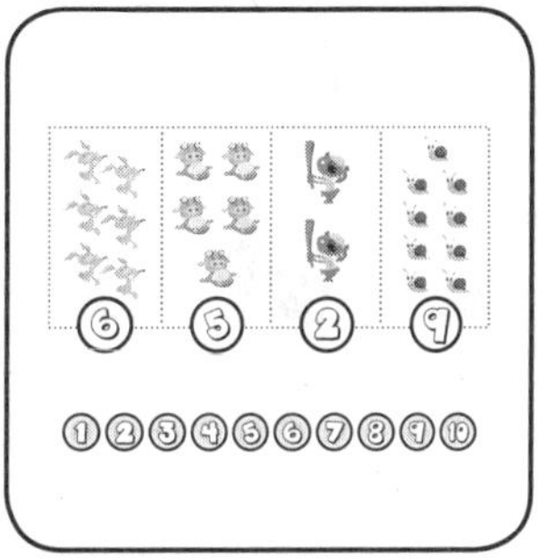

113

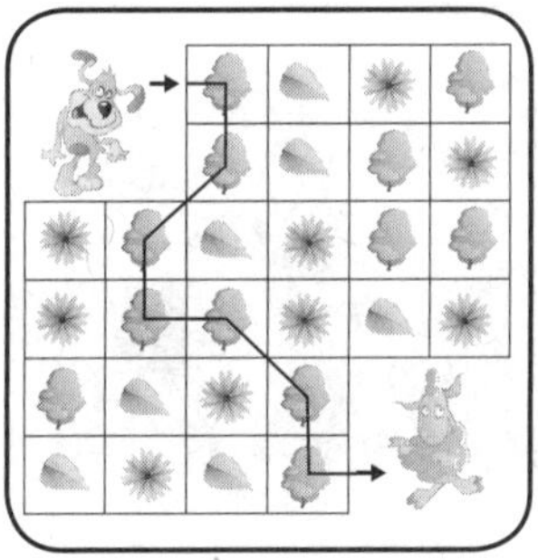

114

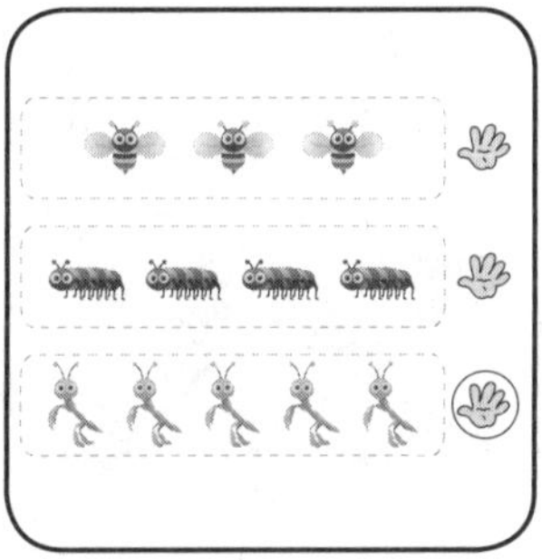

116

Carnaval n

Renouveau Bourgeons

Semences Rongeur

Grange Jambon

117

118

120

SOLUTIONS

122

C et D

124

A

126

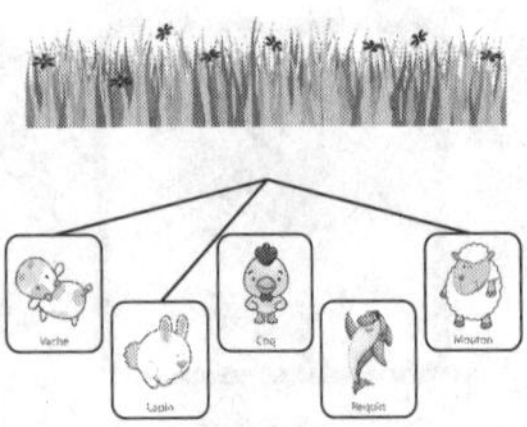

127

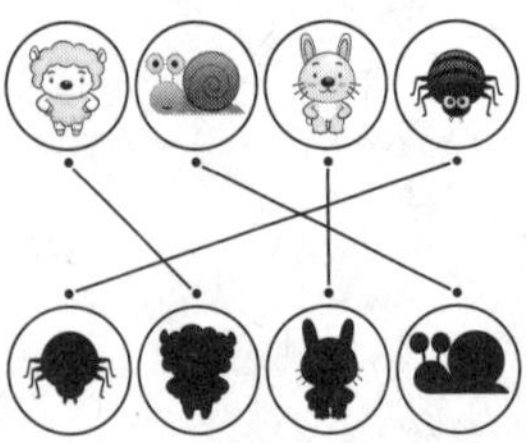

128

130

131

132

133

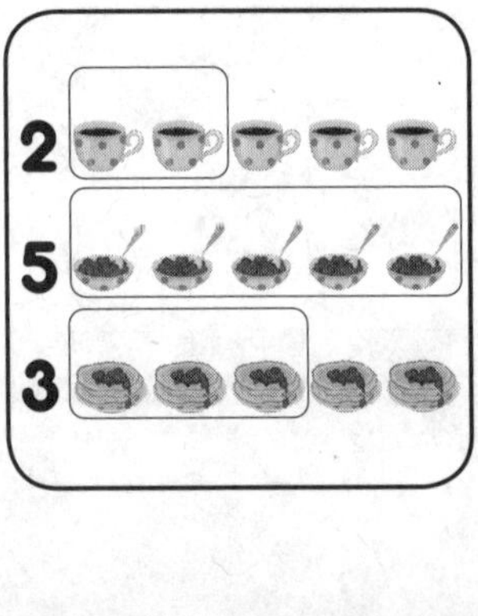

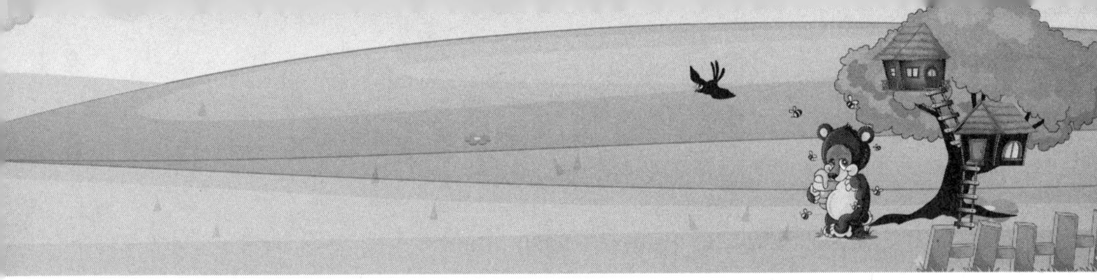

134

135

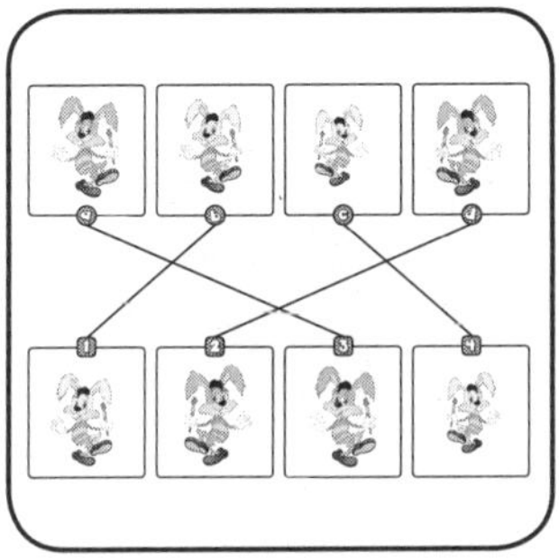

136

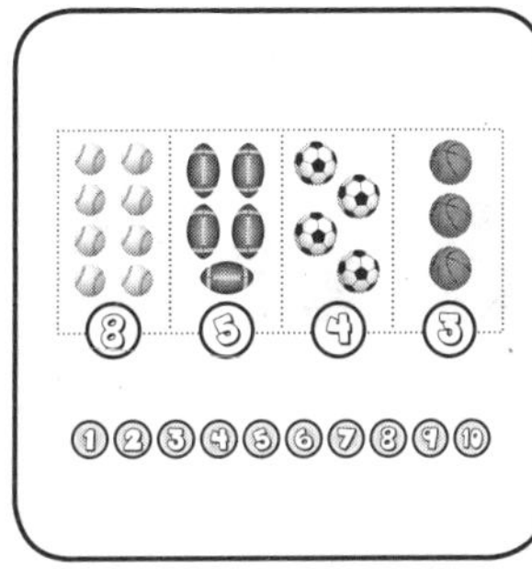

137

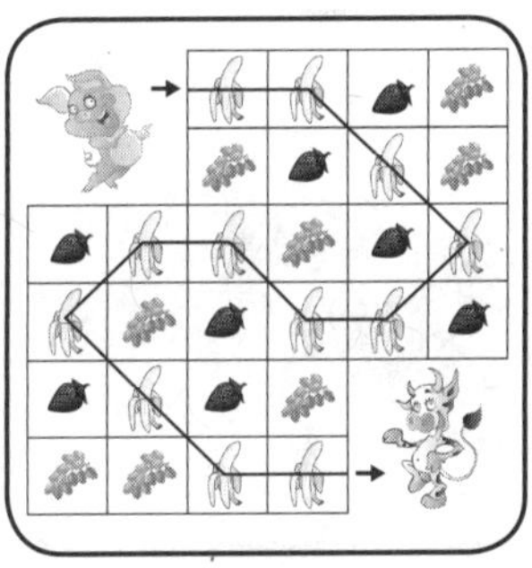

138

140

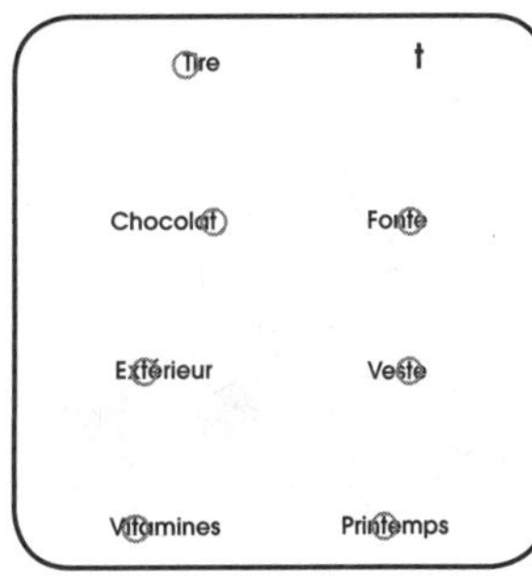

141

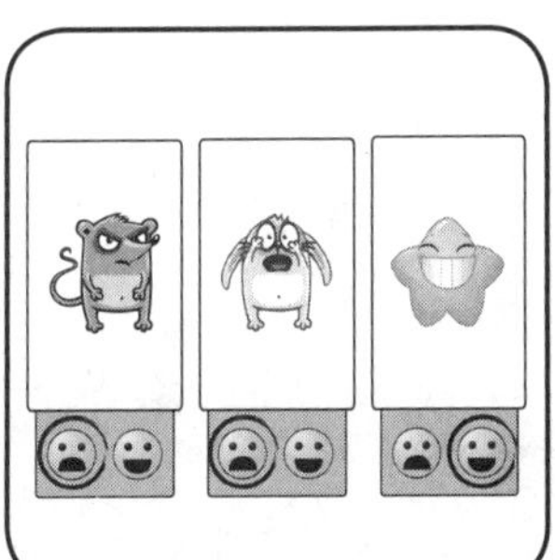

142

144

SOLUTIONS

146

B et D

148

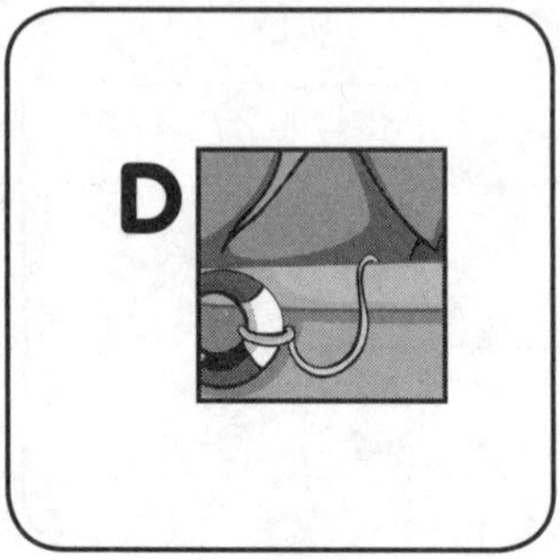

150

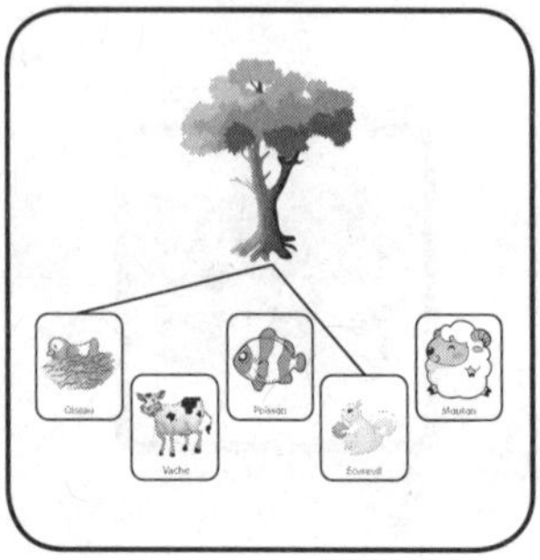

151

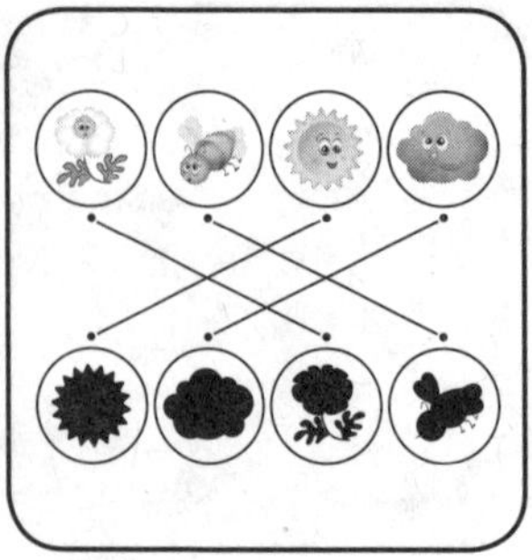

152

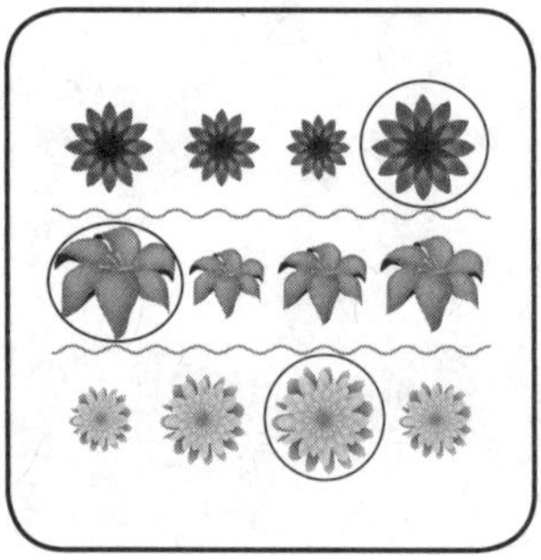

154

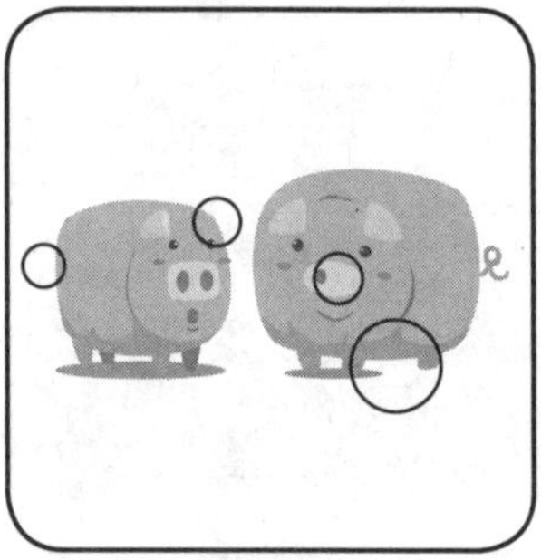

155

156

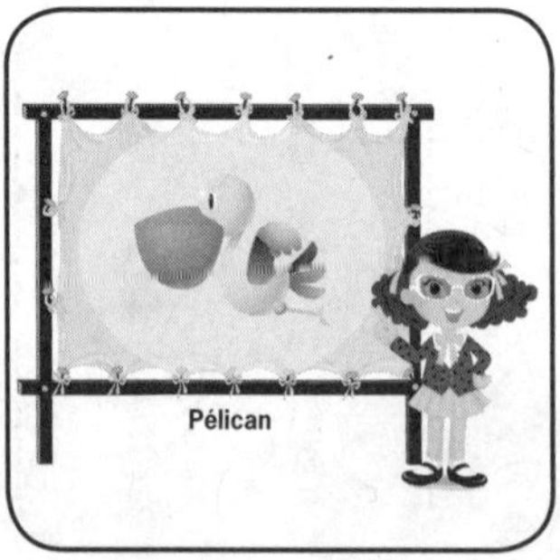

157

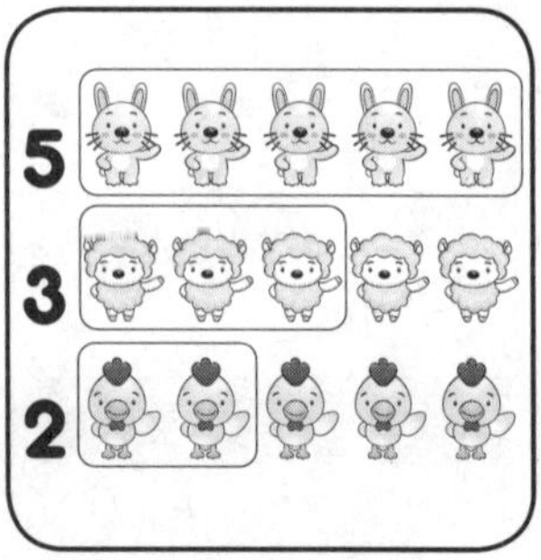

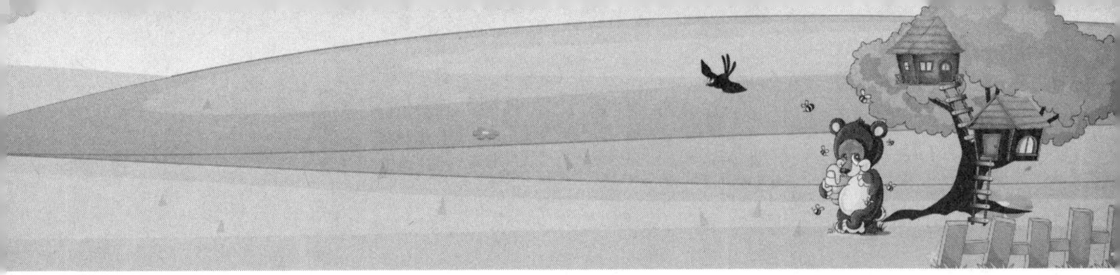

158

159

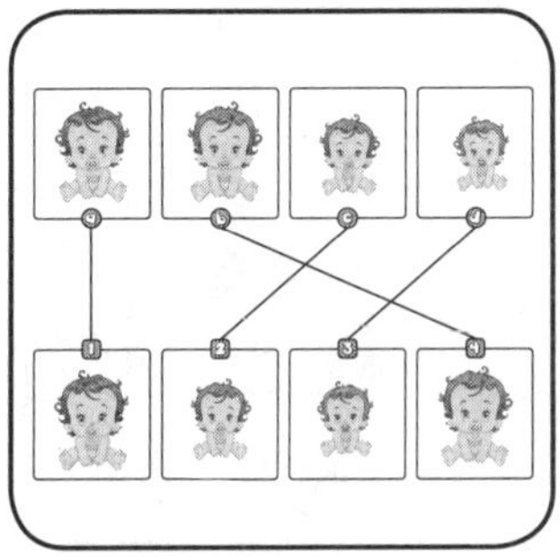

160

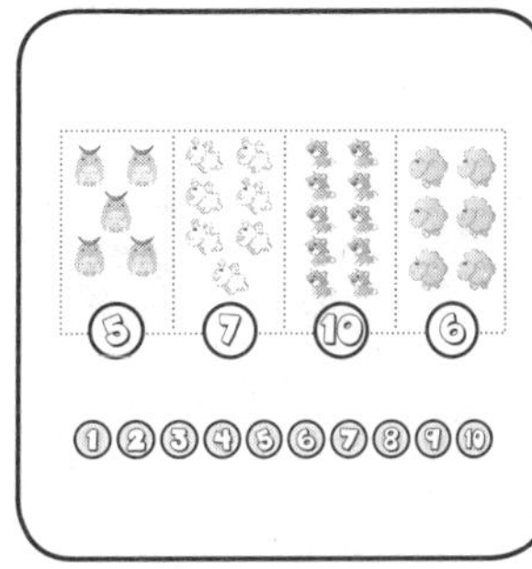

161

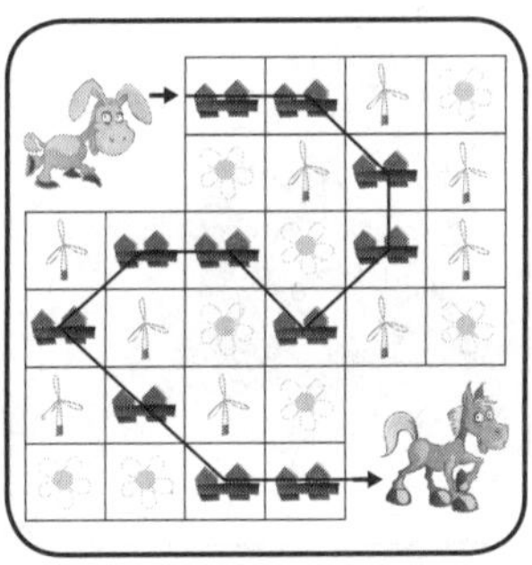

162

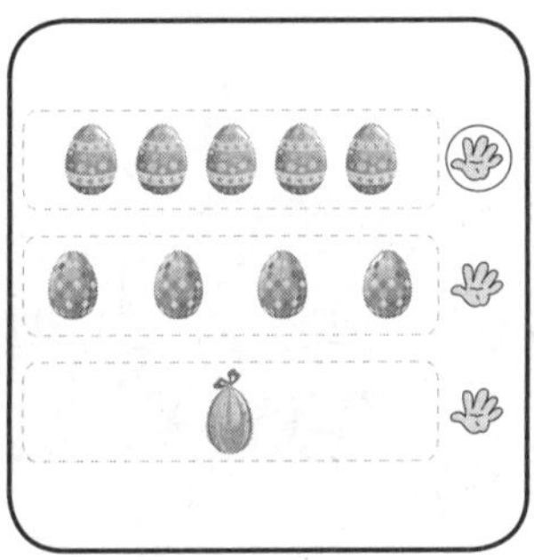

164

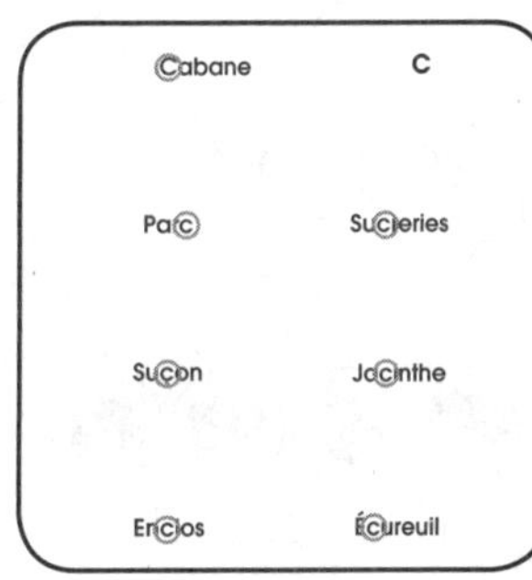

165

166

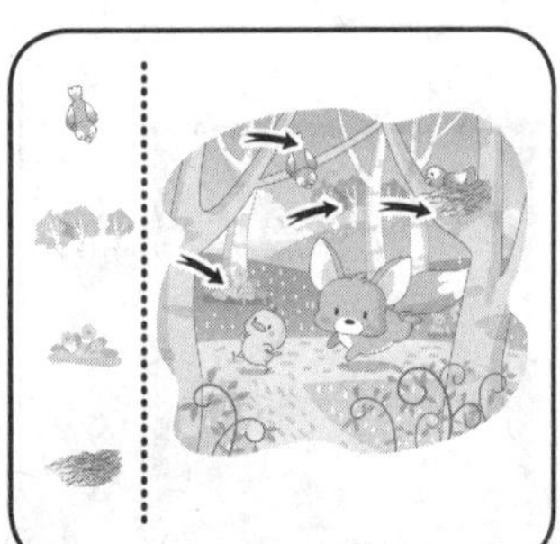

168

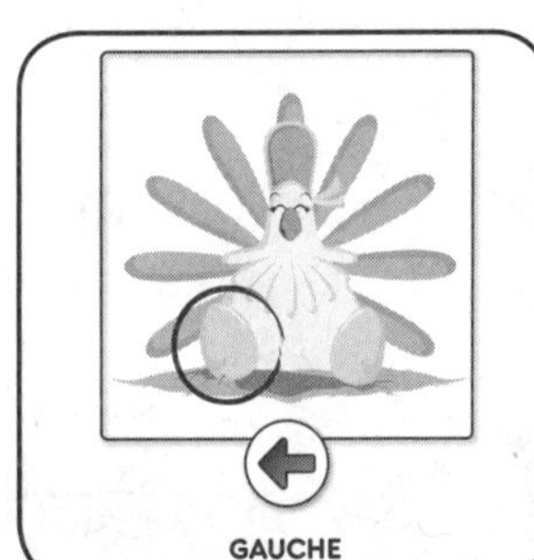

SOLUTIONS

170

A et B

172

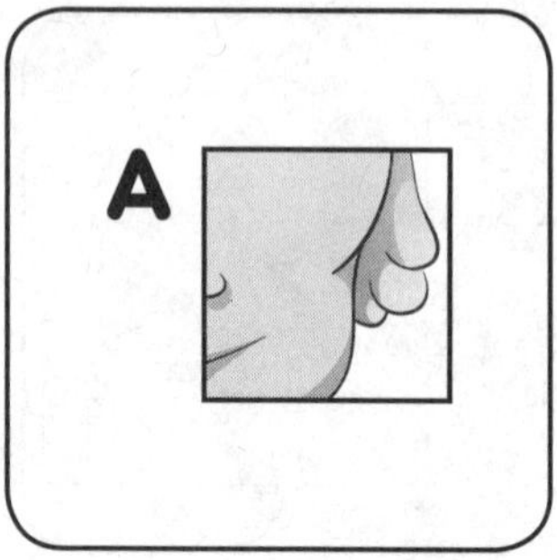

174

175

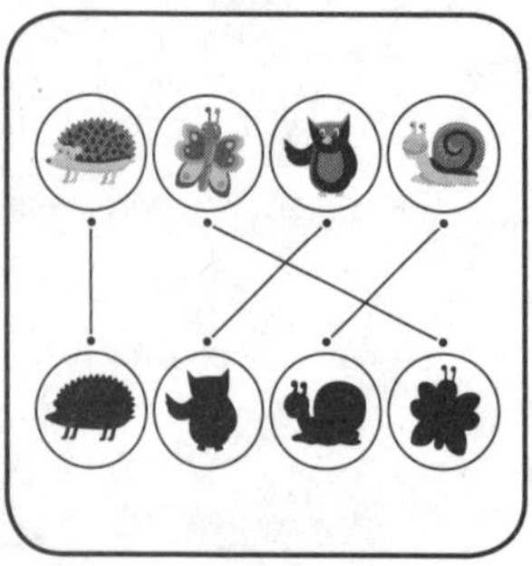

176

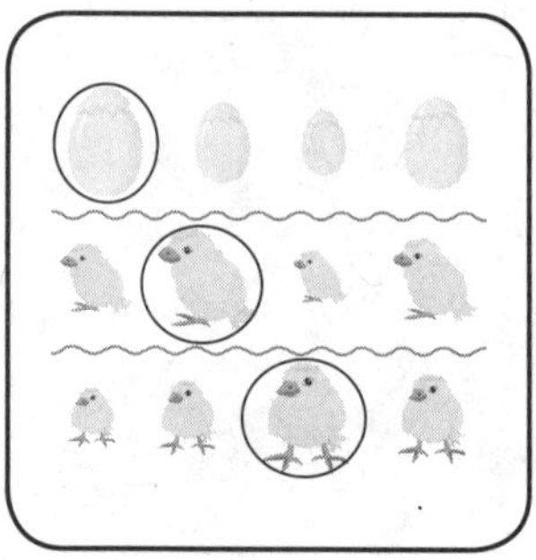

178

179

180

181

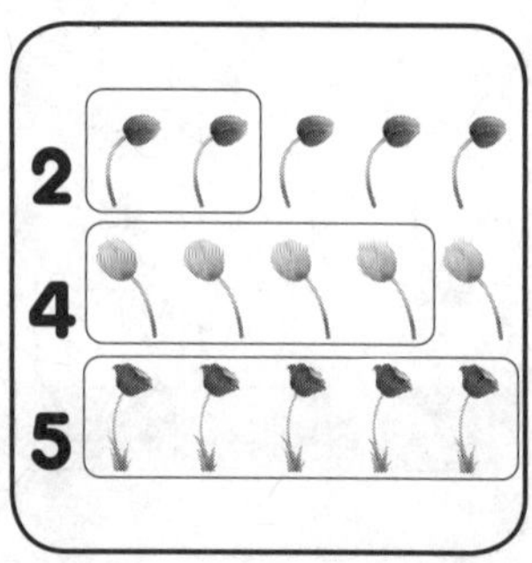

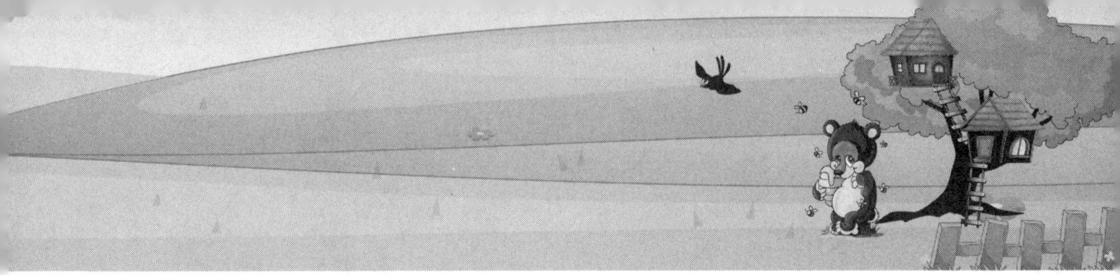

182

183

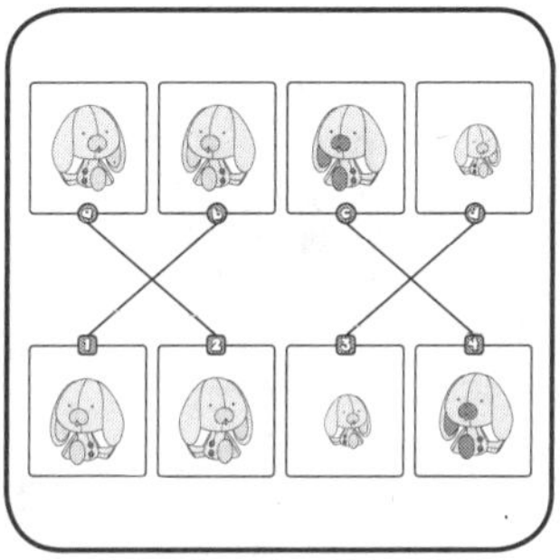

184

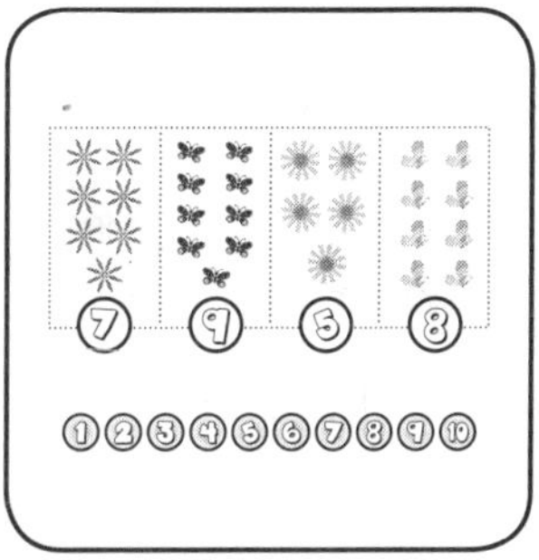

185

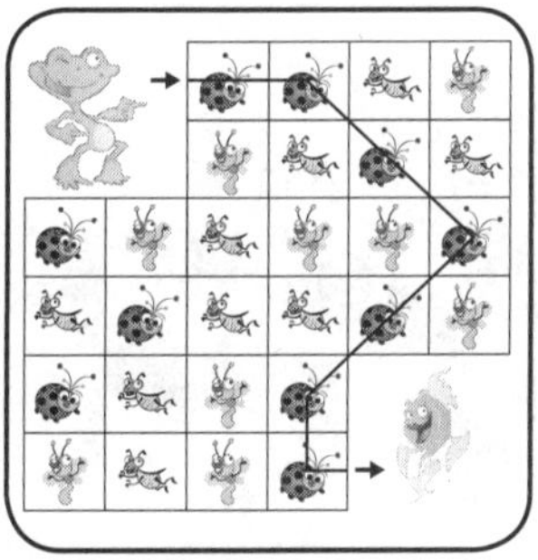

186

188

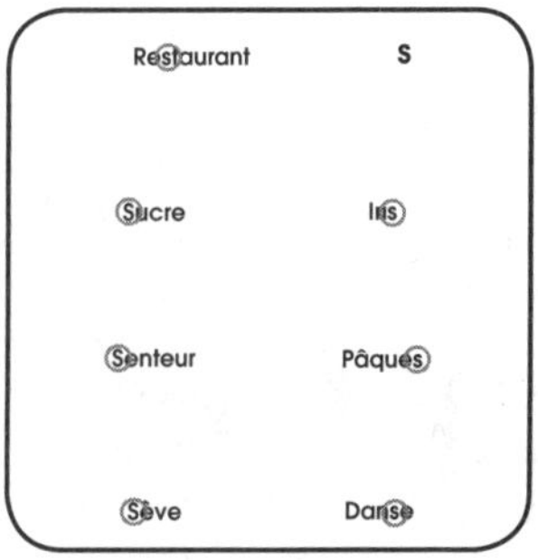

189

190

192

SOLUTIONS

194

B et D

196

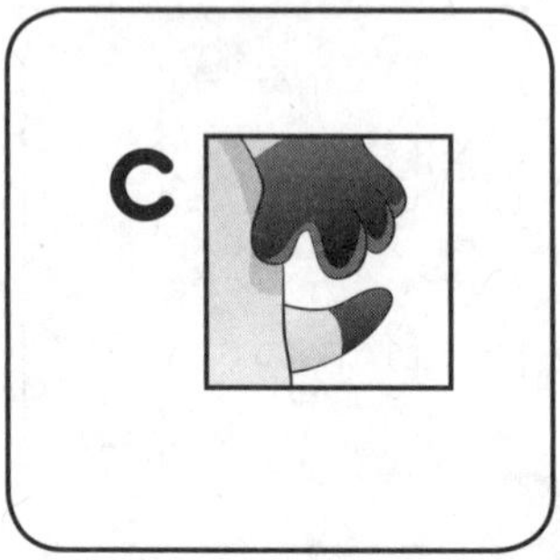

198

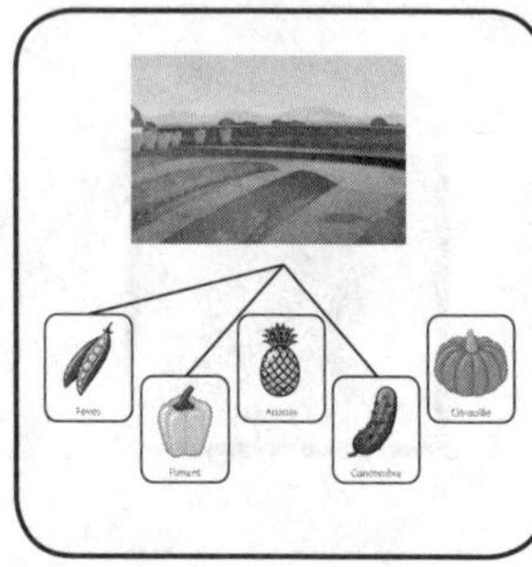

199

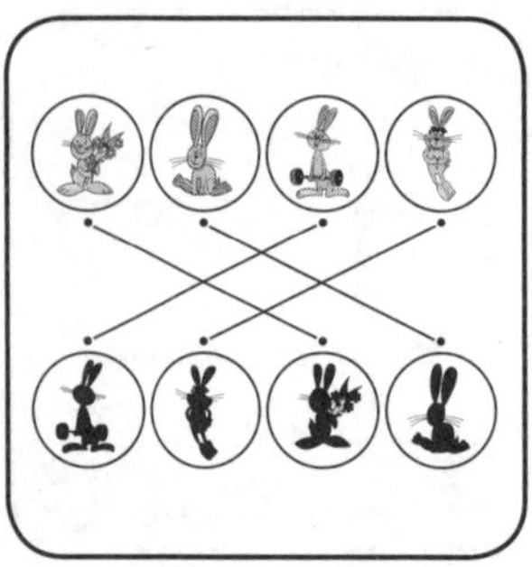

200

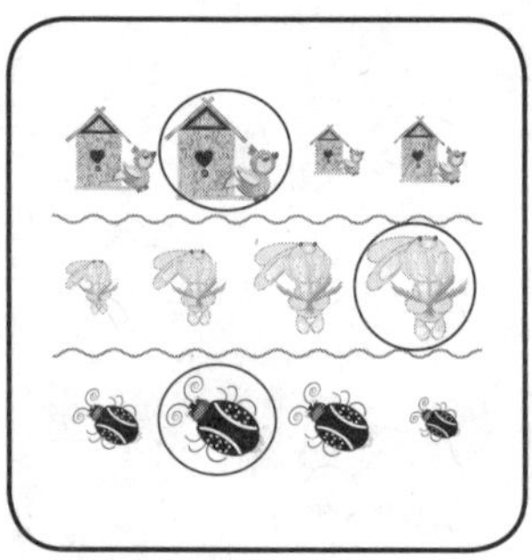

202

203

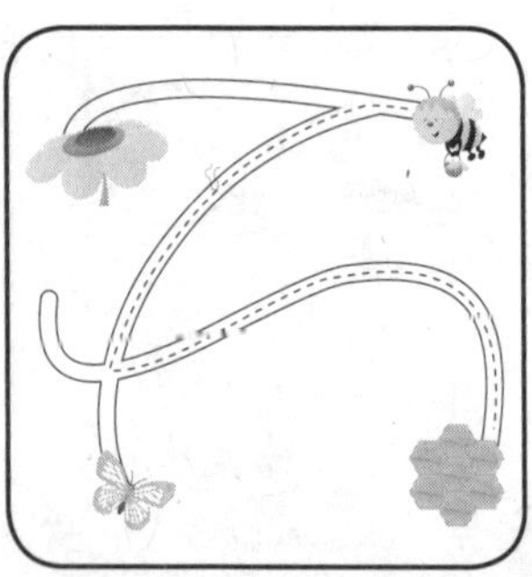

204

205

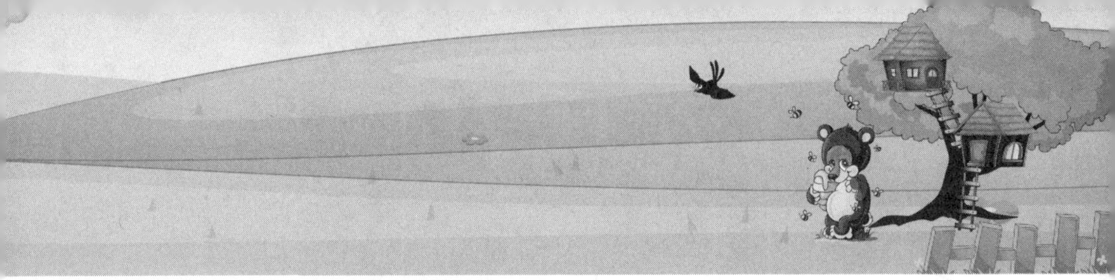

206

207

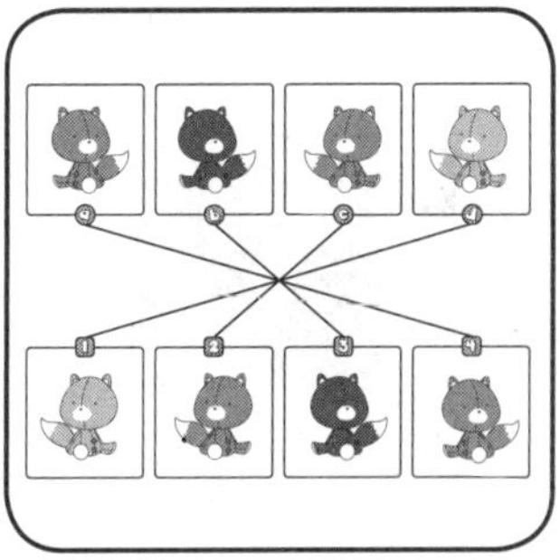

208

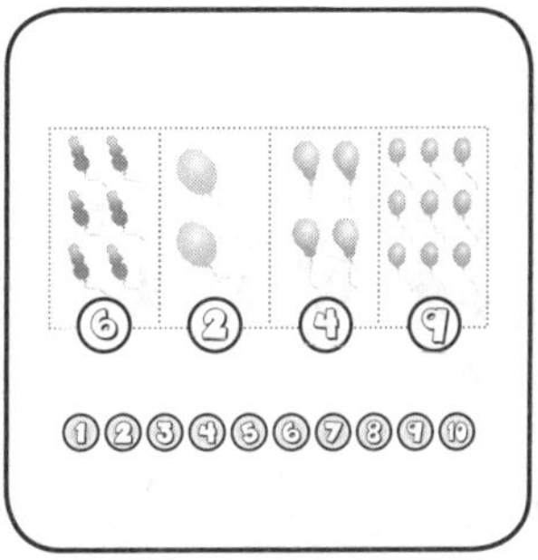

209

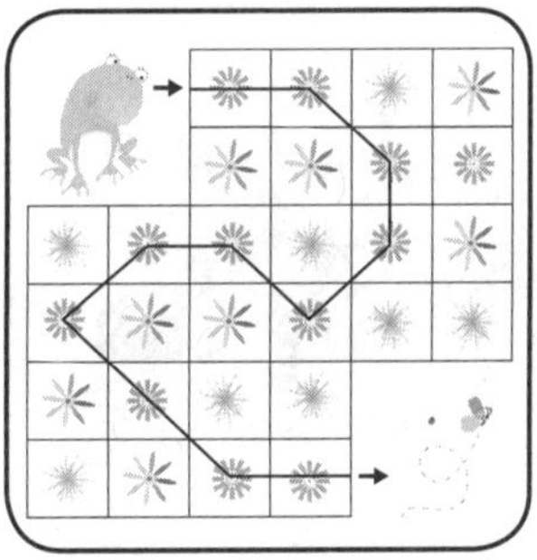

210

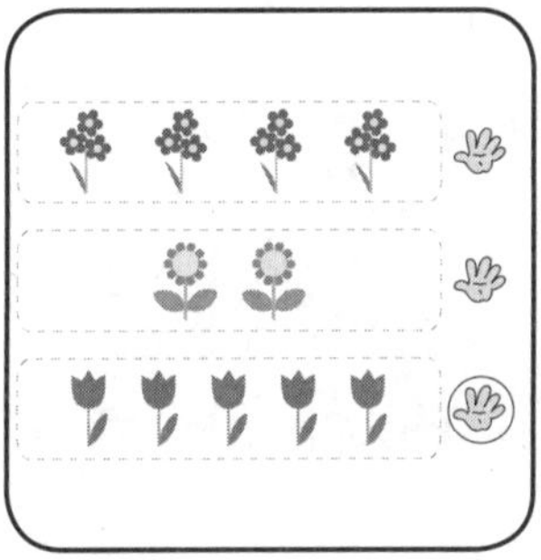

212

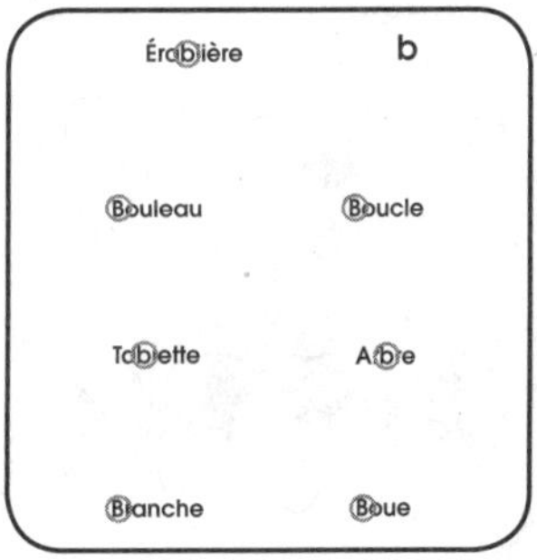

213

214

216

SOLUTIONS

218

B et D

220

D

222

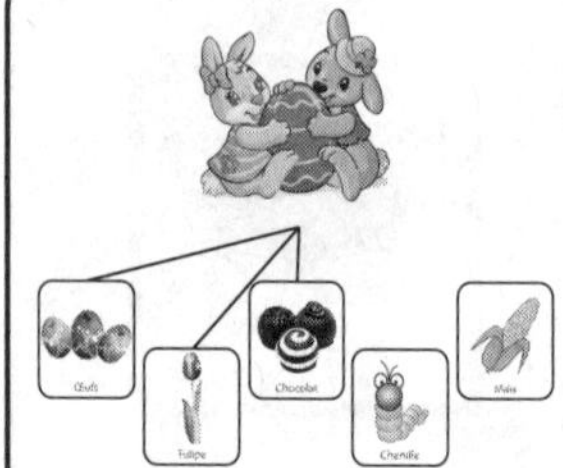

223

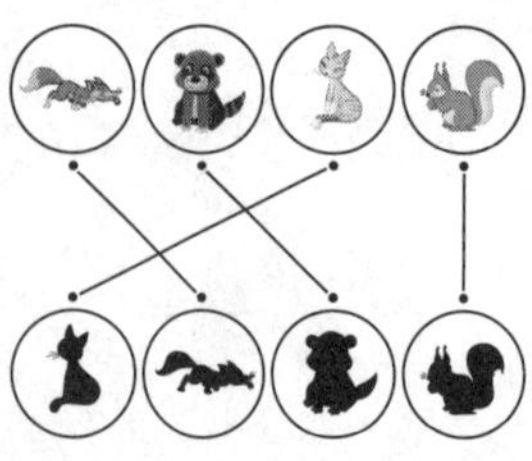

224

226

227

228

229

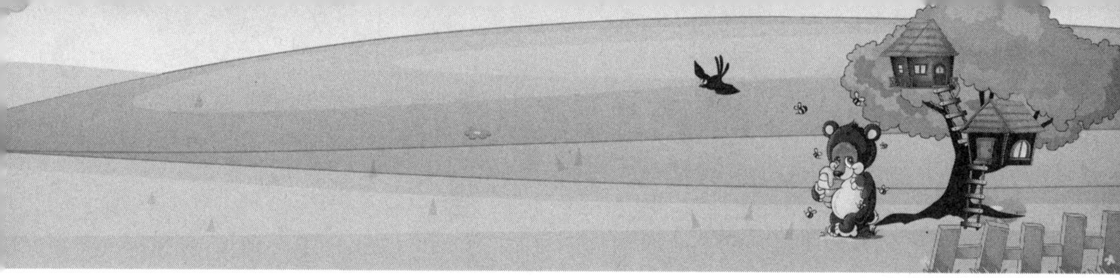

230

230

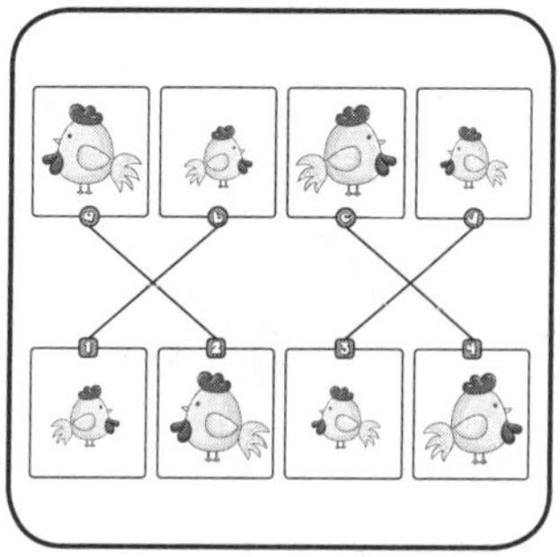

232

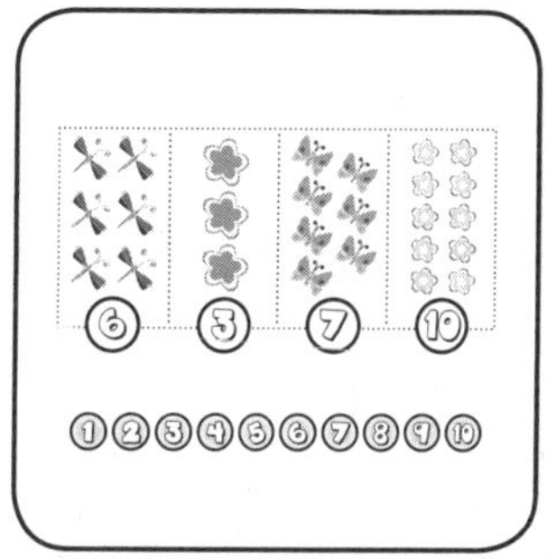

233

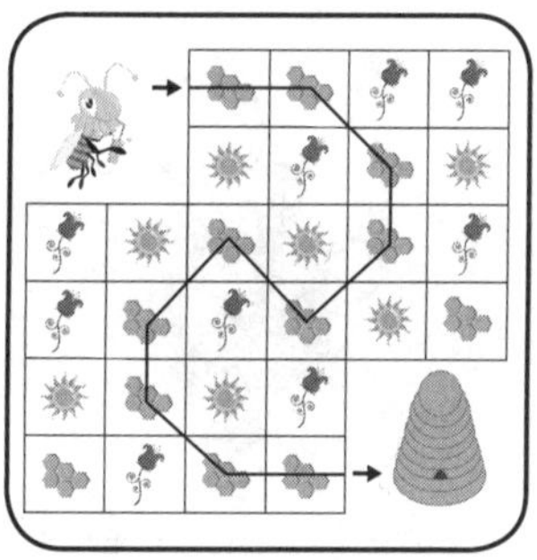

234

236

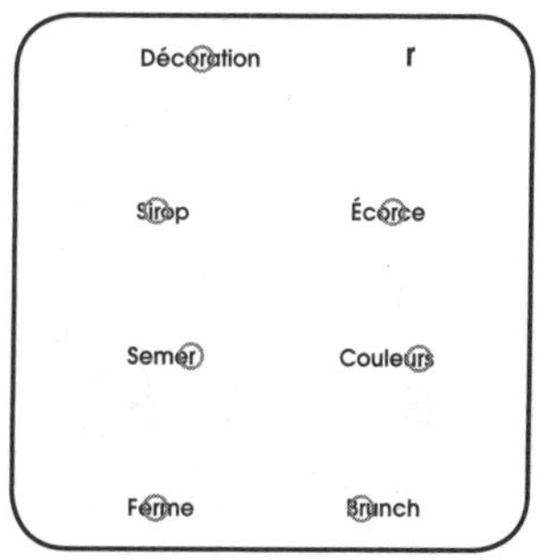

237

238

240

SOLUTIONS

242

B et C

244

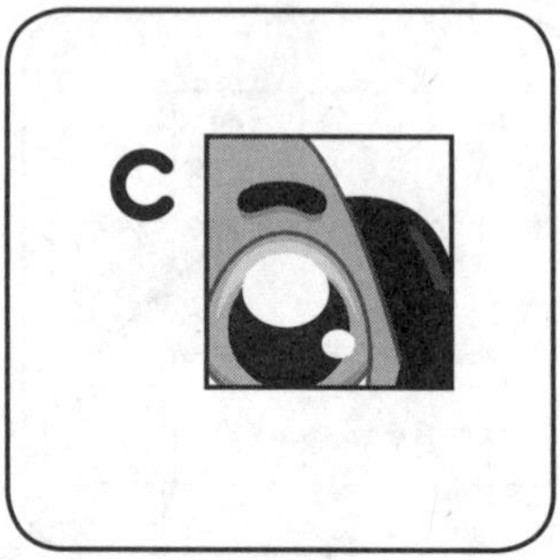

246

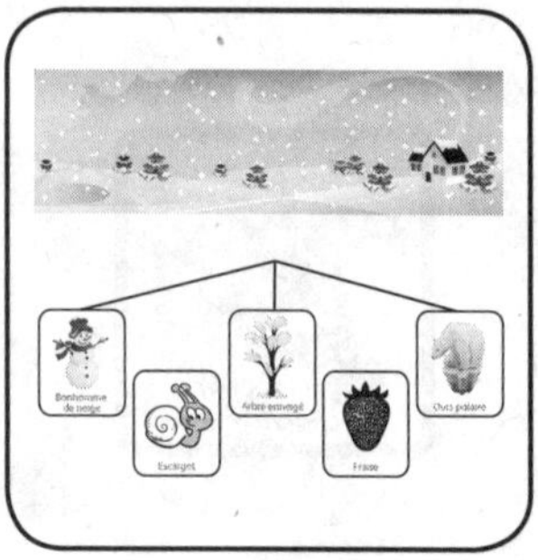

247

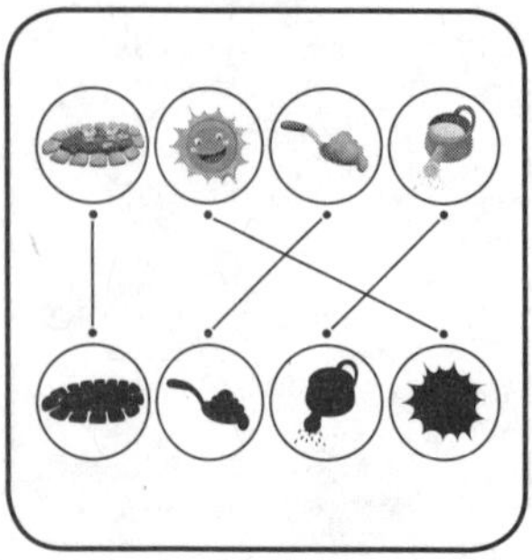

248

250

251

252

253

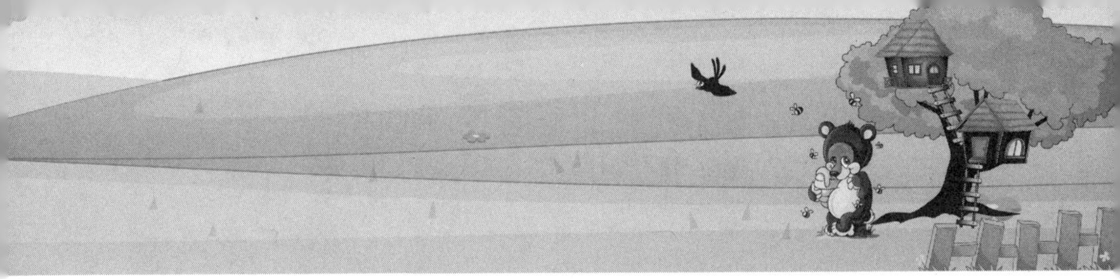

254

255

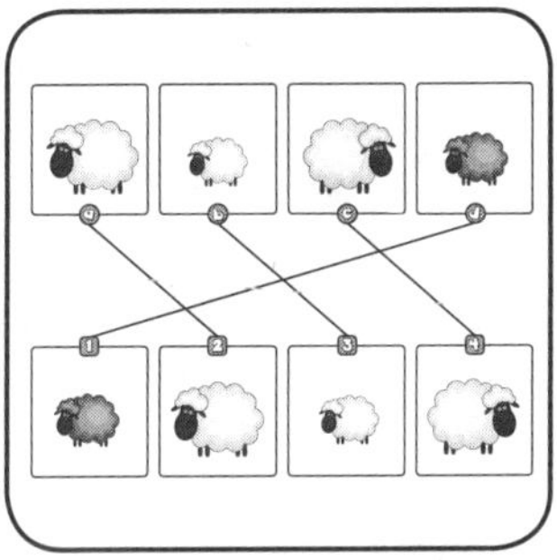

256

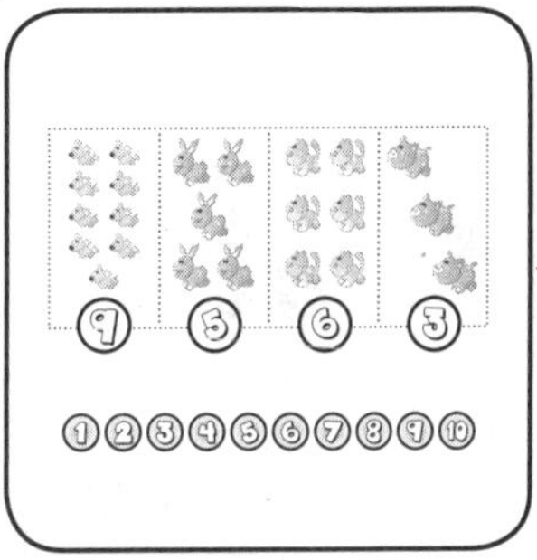

257

258

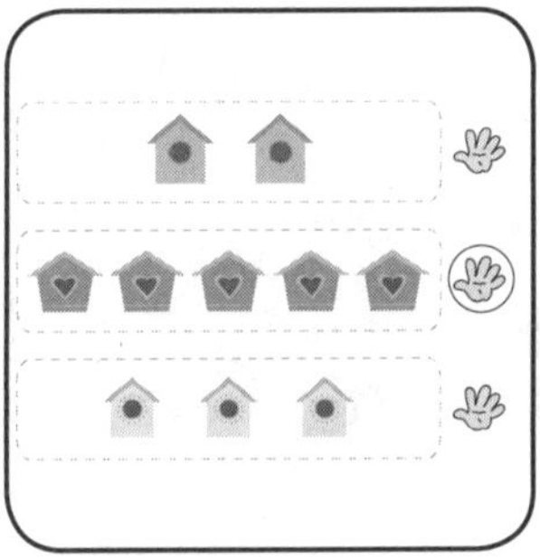

260

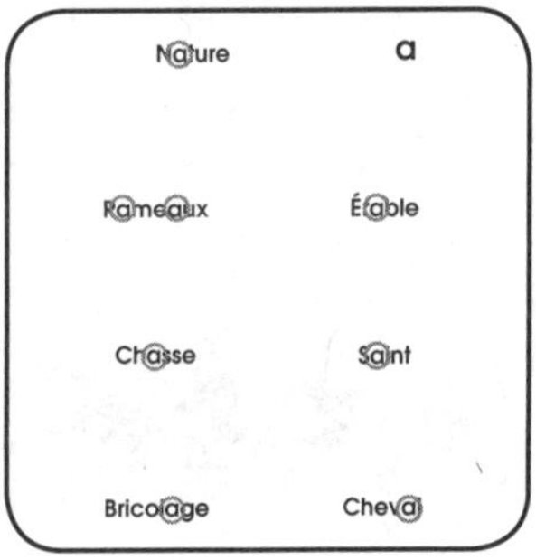

261

262

264

SOLUTIONS

266

A et B

268

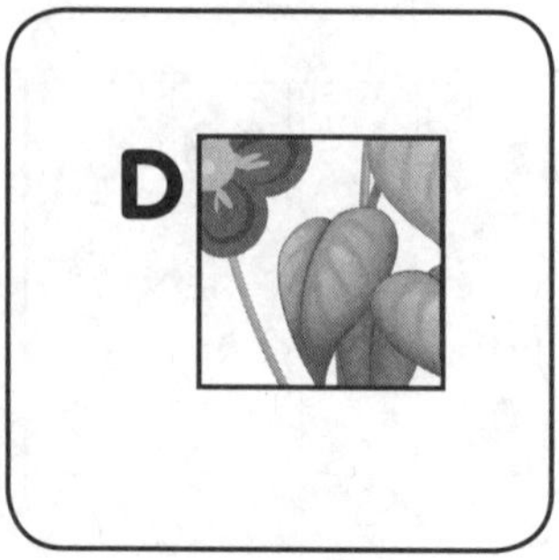

270

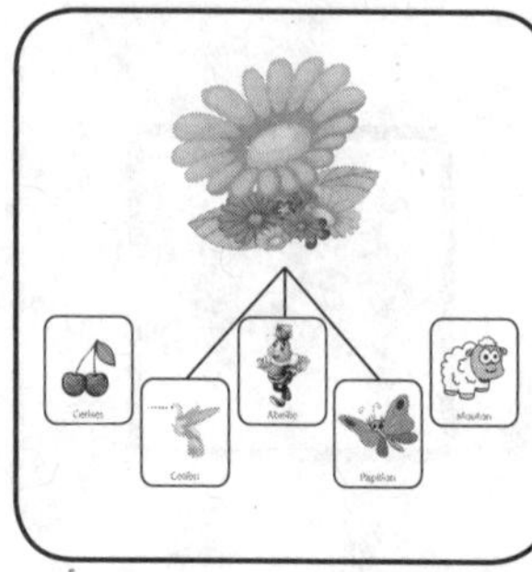

271

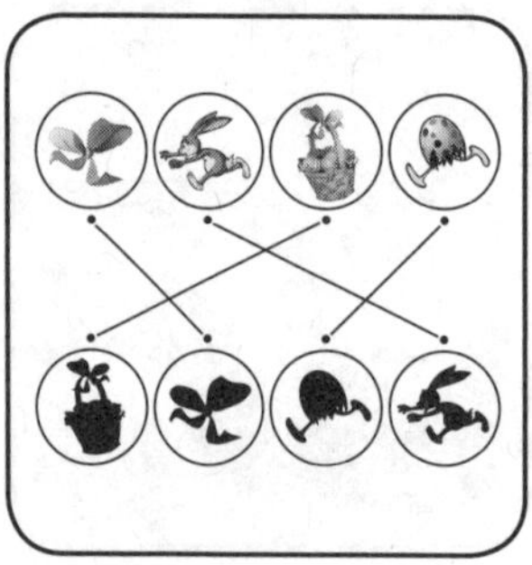

272

274

275

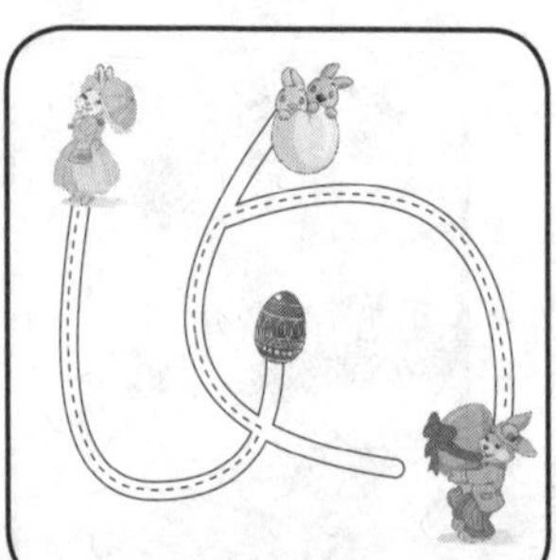

276

277

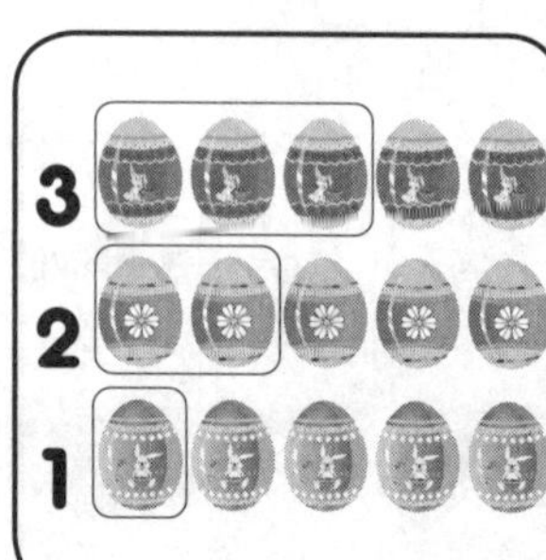

278

279

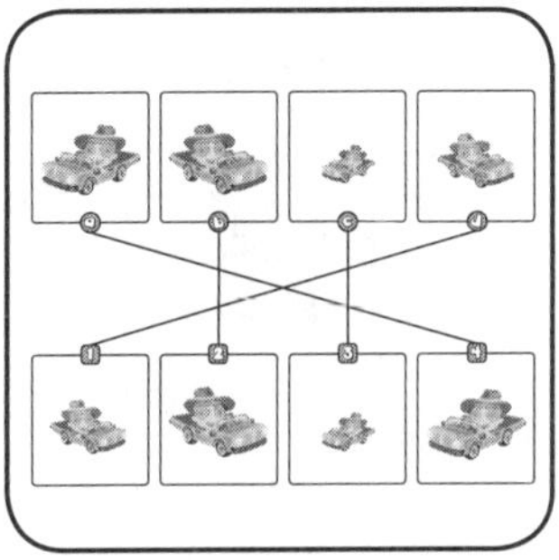

280

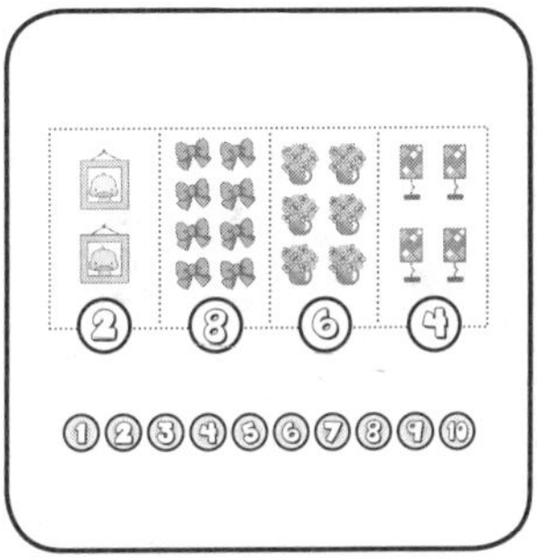

281

282

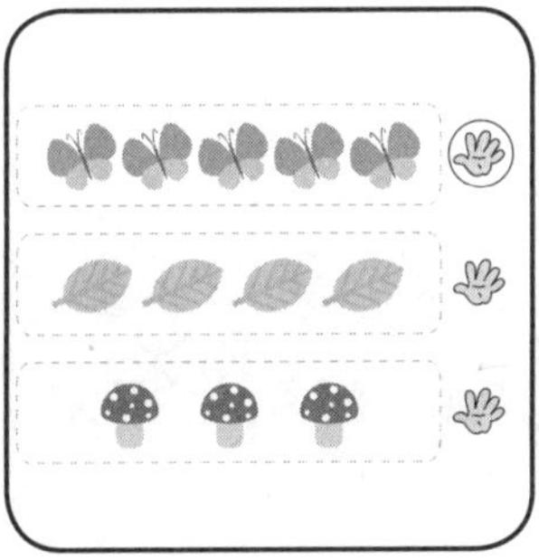

284

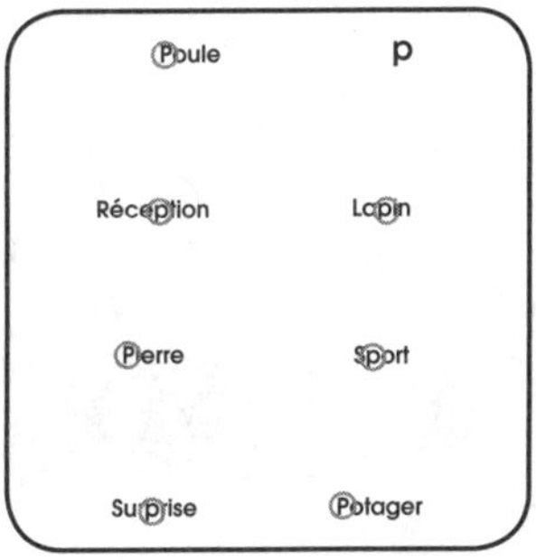

285

286

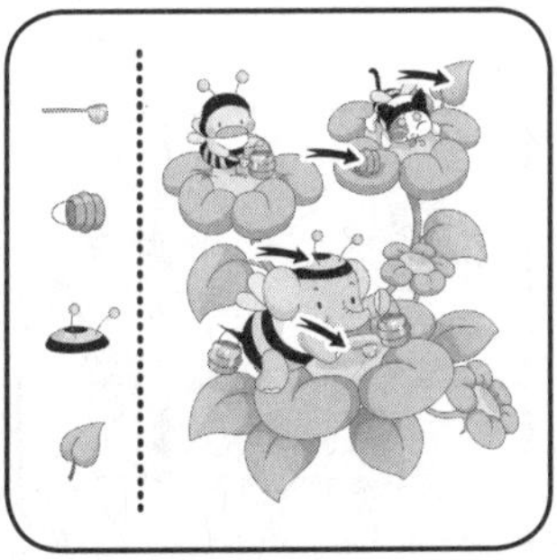

288

SOLUTIONS

290

A et B

292

A

294

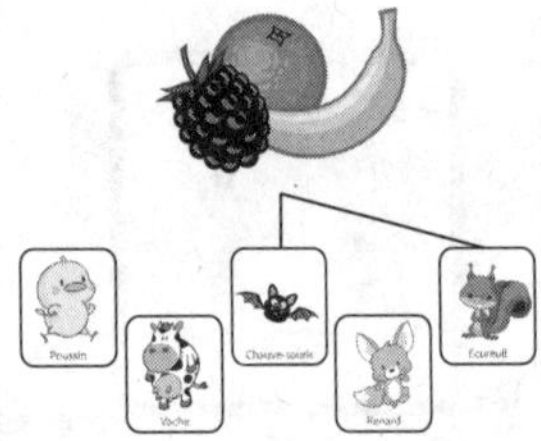

295

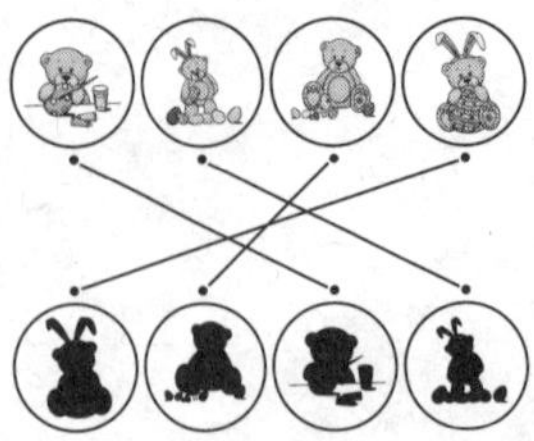

296

298

299

300

301

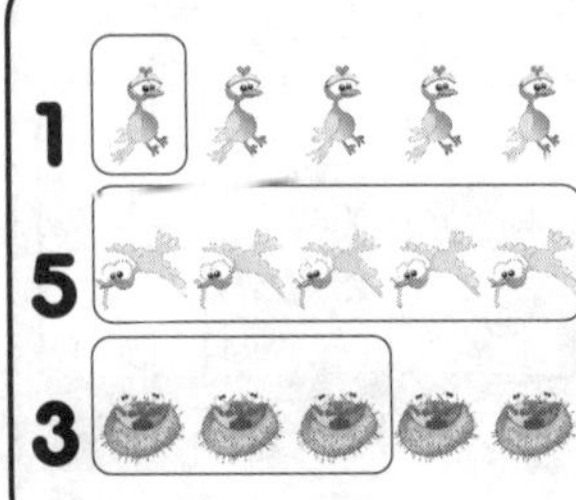

302

303

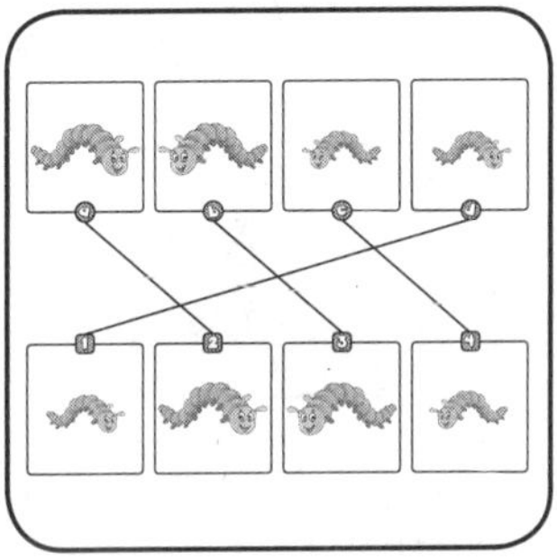

304

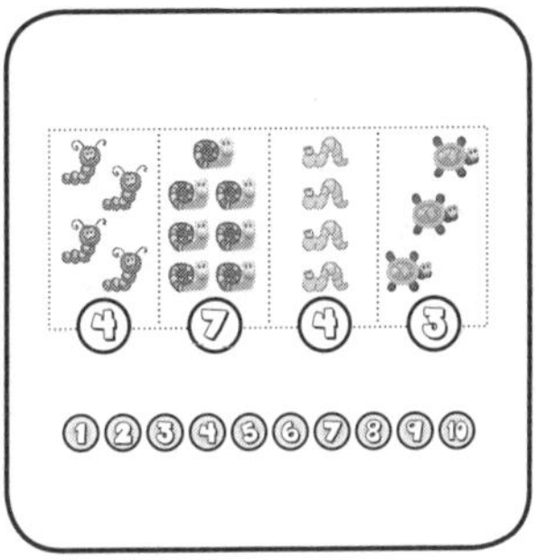

305

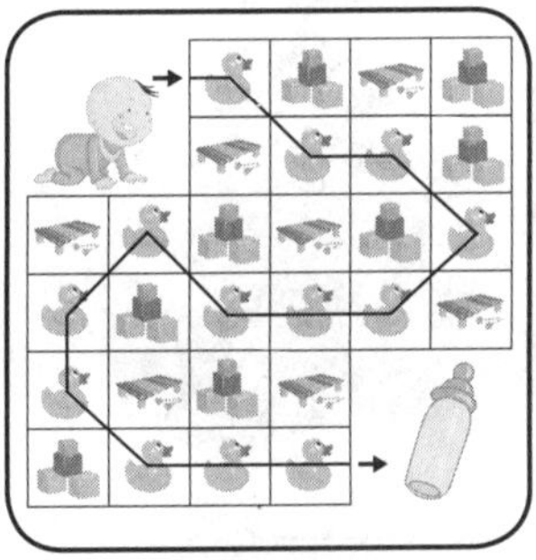

306

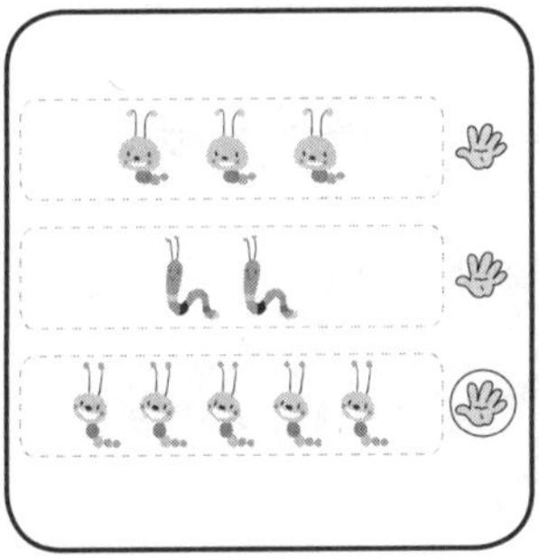

308

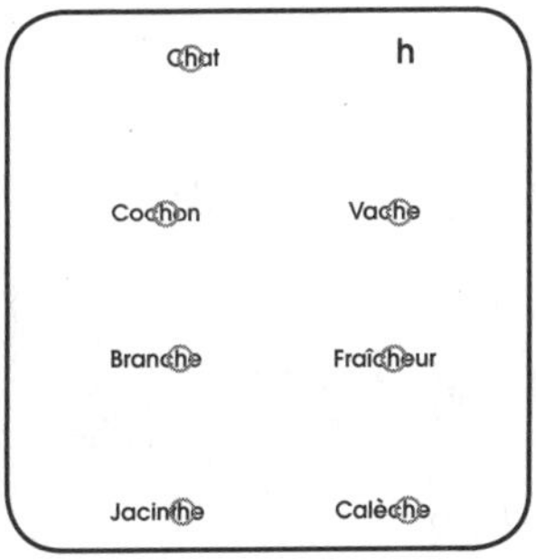

309

310

312

SOLUTIONS

314

C et D

316

B

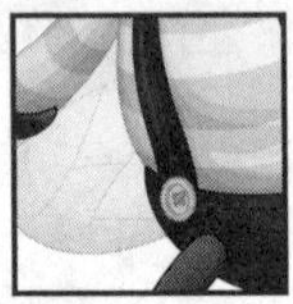

318

319

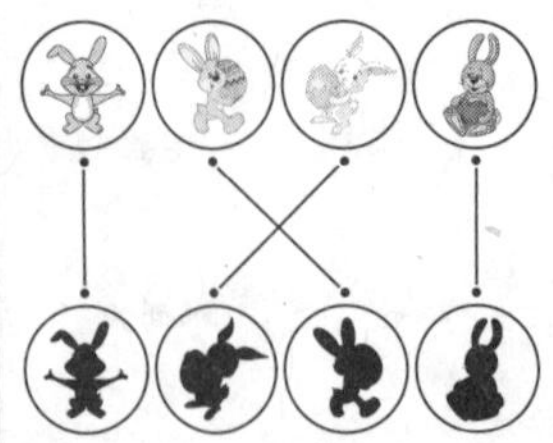

320

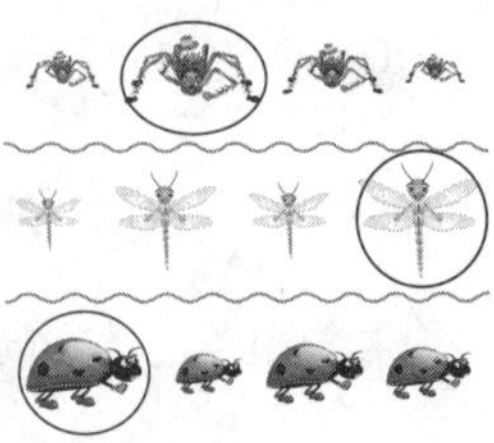

322

323

324

325

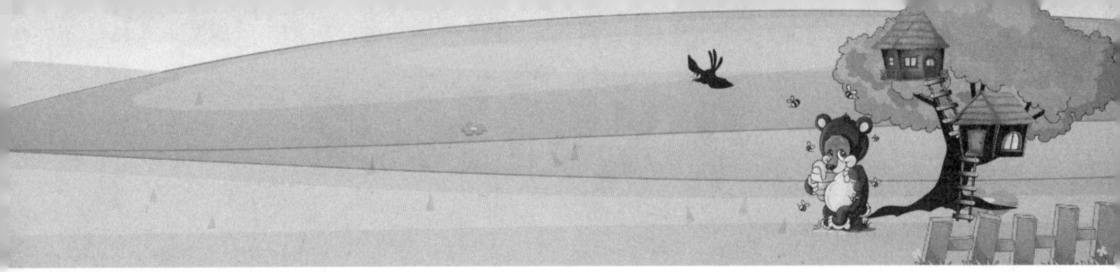

326

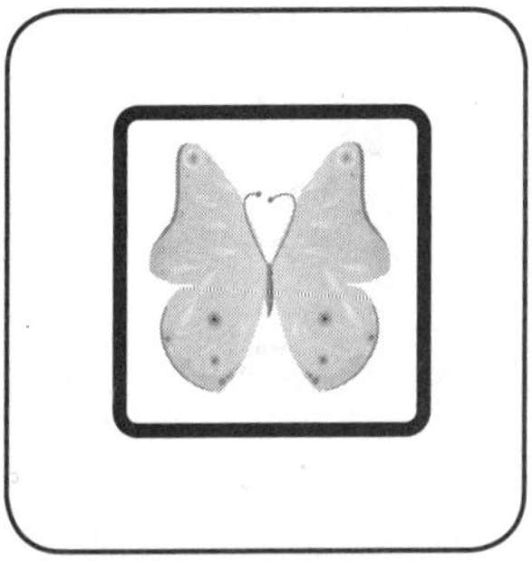

327

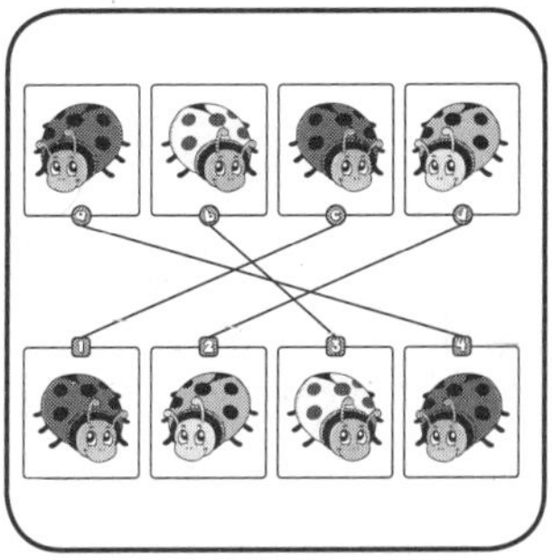

328

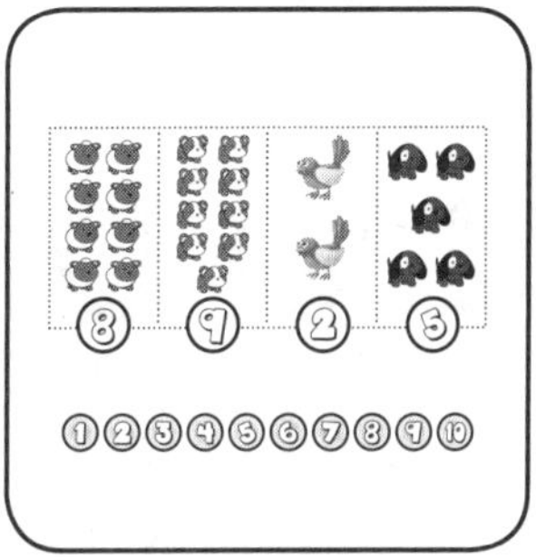

329

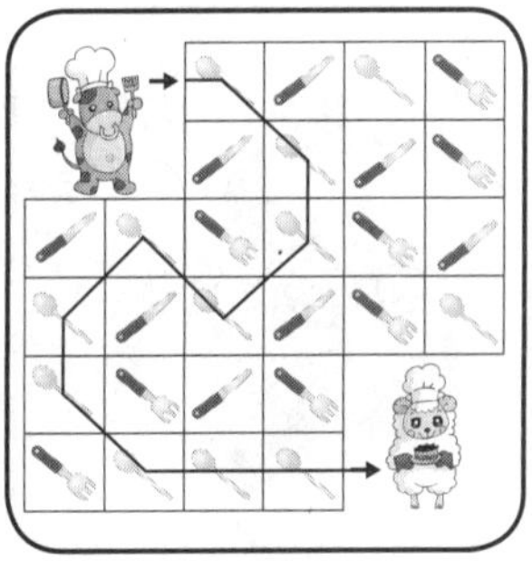

330

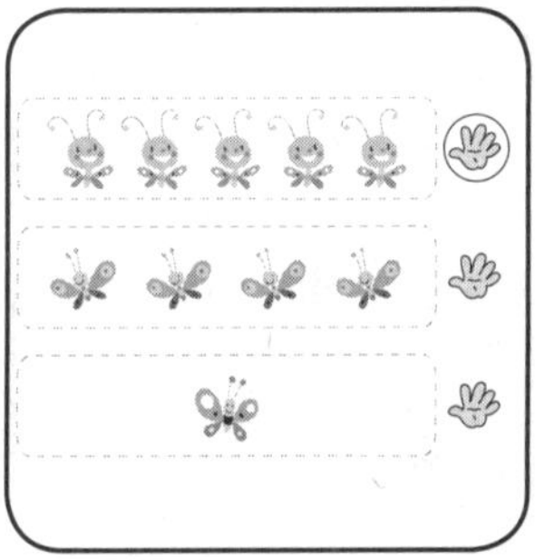

332

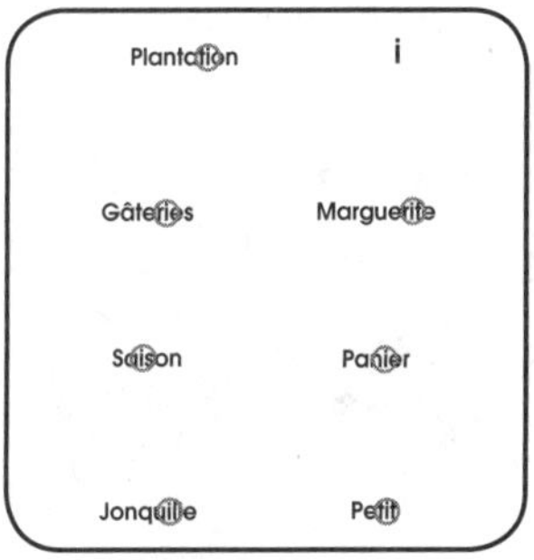

333

334

336

SOLUTIONS

338

B et D

340

C

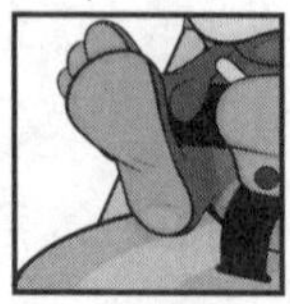

342

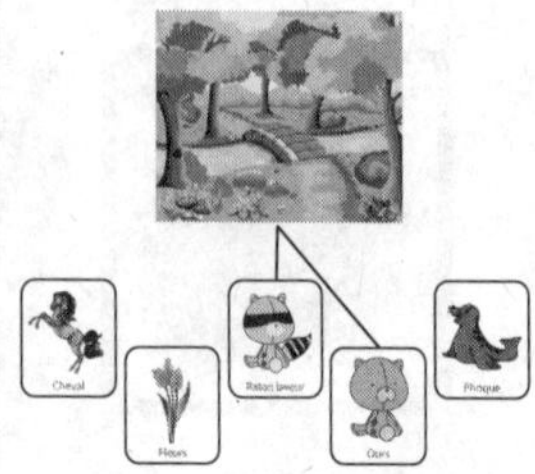

343

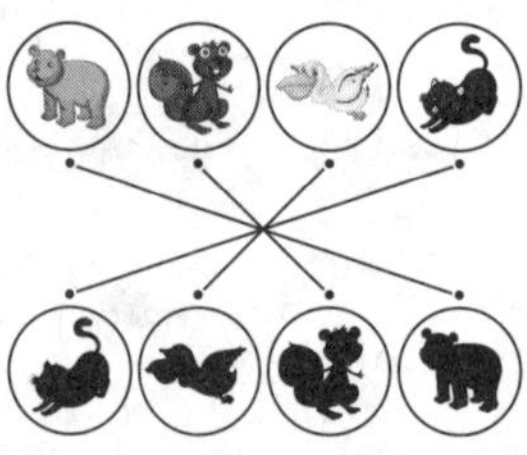

344

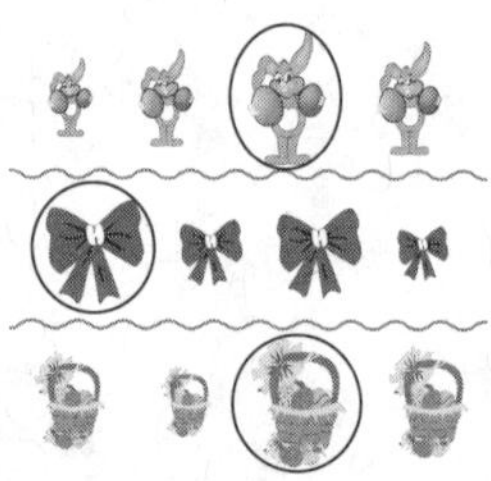

346

347

348

349

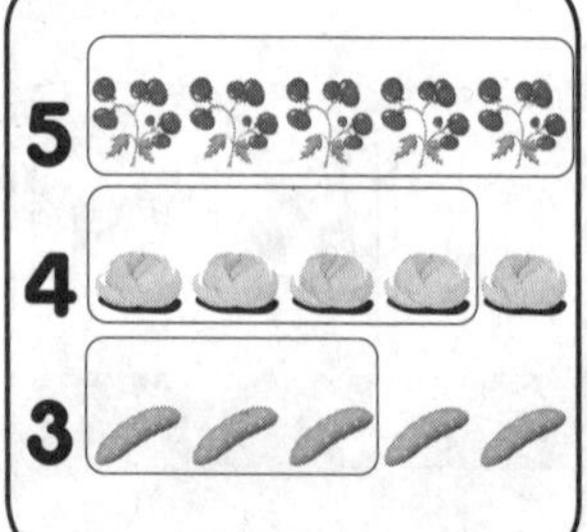

350

351

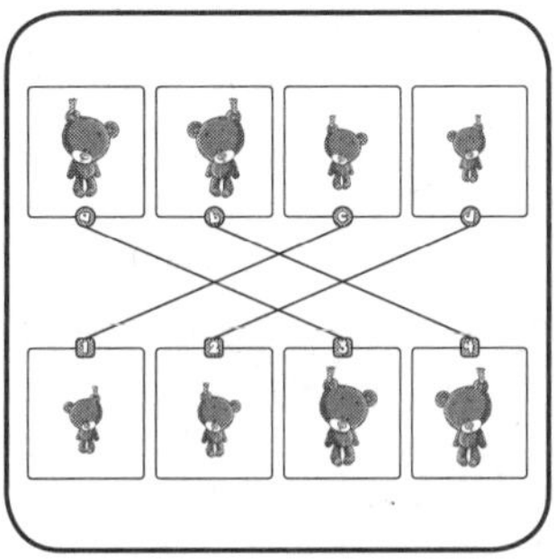

352

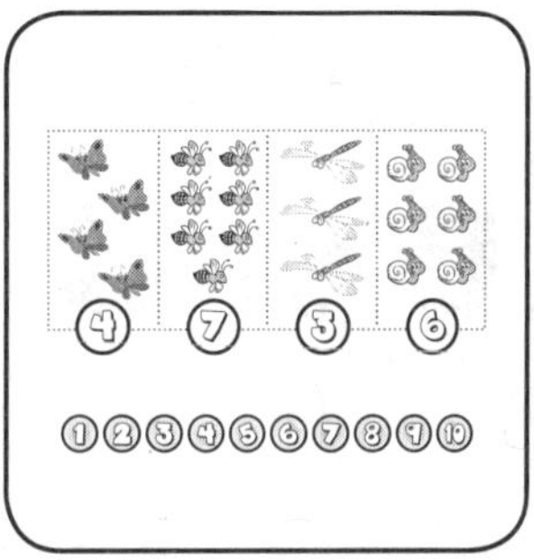

353

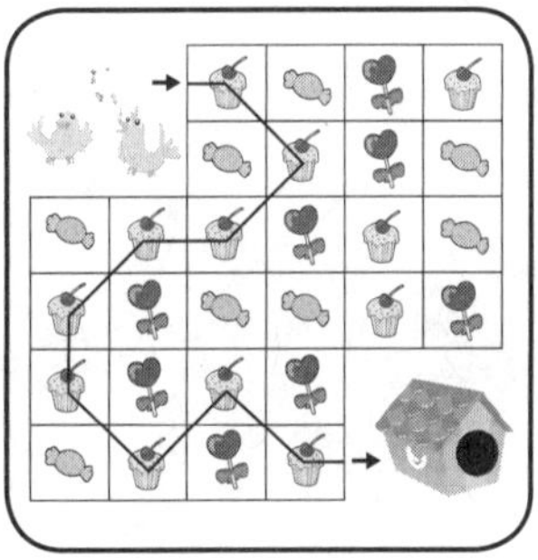

354

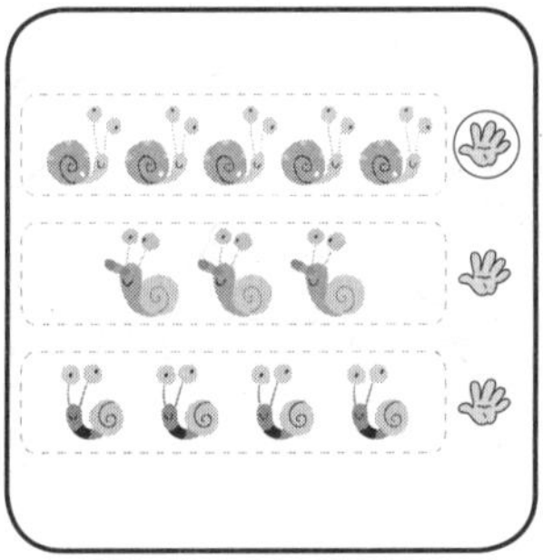

356

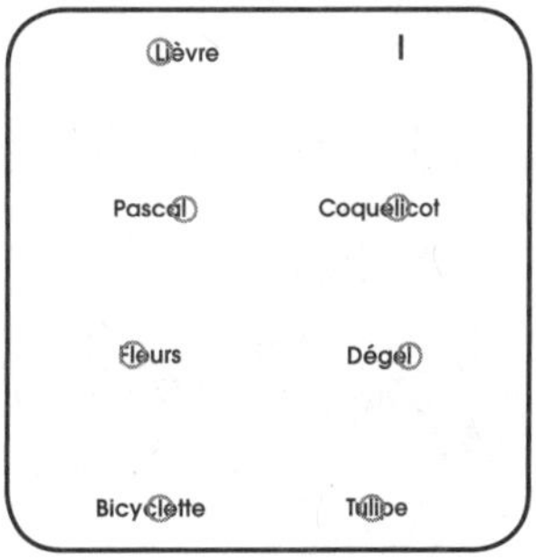

357

358

360

SOLUTIONS

362

B et C

364

B

DESSIN LIBRE

Dessin libre

Dessine ce que tu veux.

Dessin libre

Dessine ce que tu veux.

Dessin libre

Dessine ce que tu veux.

Dessin libre

Dessine ce que tu veux.

Dessin libre

Dessine ce que tu veux.

Dessin libre

Dessine ce que tu veux.

L'utilisation de 8 720 lbs de Silva Enviro100 plutôt que du papier vierge aide l'environement de façon suivante :

Arbres sauvés : 74
Réduit la quantité d'eau utilisée de 273 085 L
Réduit les émissions atmosphériques de 10 752 kg
Réduit la production de déchets solides de 4 137 kg

C'est l'équivalent de :
Arbre(s) : 5 terrains de tennis
Eau : 780 jours de consommation
Émissions atmosphériques : émissions de 4 voitures par années
Déchets solides : 84 poubelles

MARQUIS

Québec, Canada

100%

Imprimé sur Silva Enviro100, contenant 100% de fibres recyclées postconsommation, certifié Éco-Logo, Procédé sans chlore, FSC Recyclé et fabriqué à partir d'énergie biogaz.